歴史文化ライブラリー
469

踏絵を踏んだキリシタン

安高啓明

吉川弘文館

目　次

王朝交替と王権継承

古代・・・

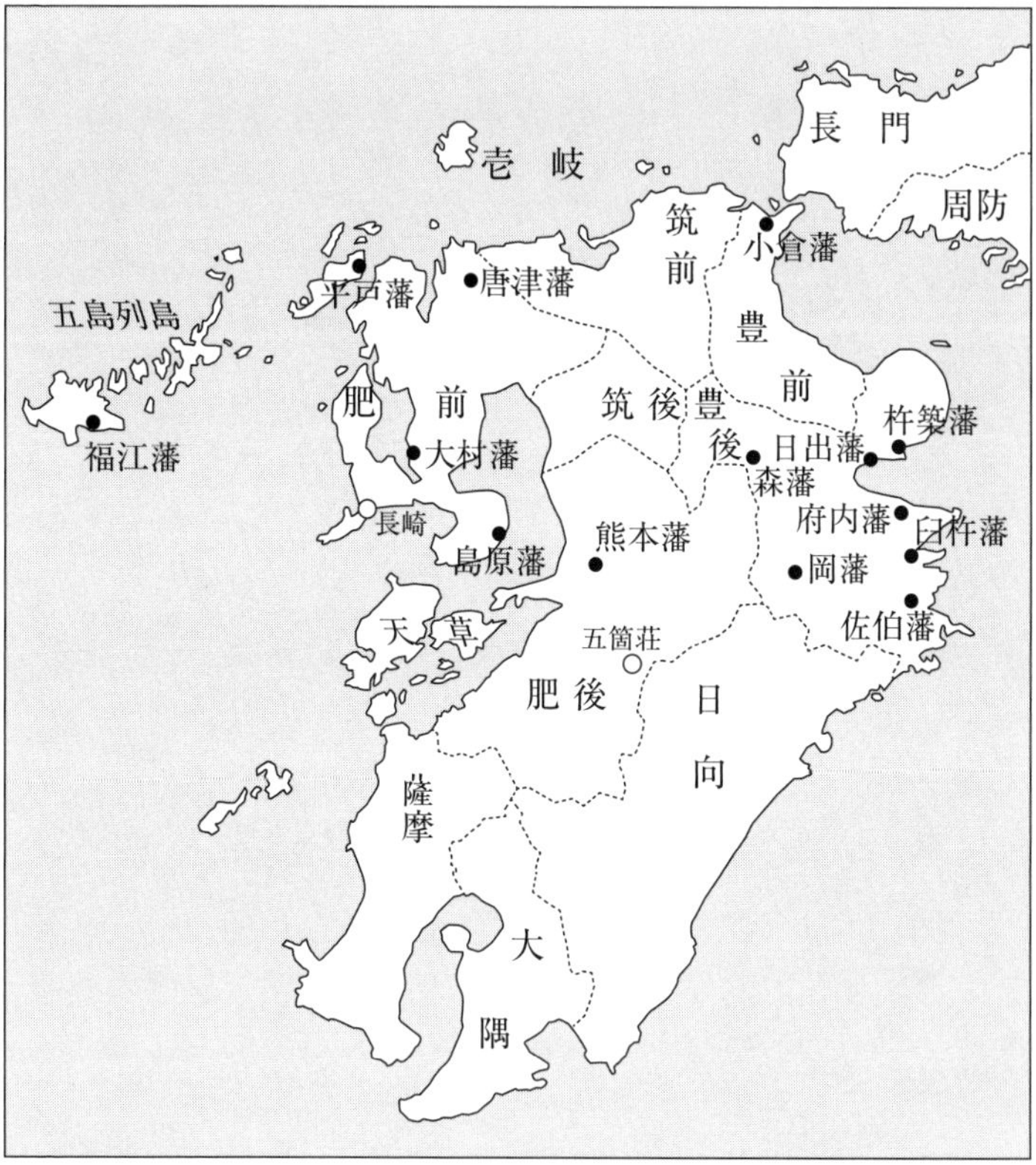

関連諸藩所在地地図（児玉幸多・北島正元編『第二期物語藩史』第７巻，人物往来社，1966年をもとに作成）

踏絵なのか、絵踏なのか——プロローグ

「踏絵」のイメージ

「踏絵《ふみえ》」という言葉を一度は耳にしたことがあるだろう。元来、歴史用語の「踏絵」は、現代でも、人間の思想信条を強権的に調べるときに用いられる言葉である。つまり、相手に〝強《し》いる〟という意味合いの表現で使われるが、それは、歴史的背景がそうさせている。

踏絵について、一般的には歴史教科書で学習する。授業では、キリシタンたちを取り調べるために用いられた手段として紹介されるが、こうした史実に直面し、衝撃を受ける生徒たちは少なくないだろう。〝モノ〟を踏むことに対して、厳しく教育されている家庭もあるなかで、あえてこうした施策を国家が主導していたことに驚嘆し、江戸幕府の宗教政策に否定的な見解もある。

また、日本国憲法で信教の自由が保証されている今日的視点に立つと、特定の宗教を厳しく取り締まっていた当時の状況は、決して受け入れられるものではない。さらに、その手段として、踏絵が用いられたことに、多くの人は違和感を持つのである。つまり、踏絵には現代的評価が多分になされており、当時の政策的意義付けや対象者側の状況が未整理のまま、イメージが先行している感が強い。世界史的にも稀有《けう》な踏絵が与える衝撃は、外国人に対しては特に強烈なものだった。

踏絵は、宗教史という一領域にとどまるものではない。江戸幕府の政治史、法制史、外交史、地域史をも包摂した意義がある。そのため、踏絵の認識には正確性が求められる。それでは、我々がこれを学ぶ契機である日本史教科書などには、どのように記されているのか。詳しく見てみよう。

現在の教科書の表記

現在の日本史教科書で「踏絵」は、各出版社共通して、江戸幕府の禁教政策や島原天草一揆《しまばらあまくさいっき》、鎖国体制の確立のなかで取り上げられている。

『詳説日本史改訂版』(山川出版社、二〇一七年)を見てみよう。ここには、

幕府は島原の乱後、キリスト教徒を根絶するため、とくに信者の多い九州北部などで島原の乱以前から実施されていた絵踏を強化し……

とある。さらに、同社の『日本史用語集』の踏絵の項目を見ると、「キリシタン検索のた

めに踏ませた聖画像」と説明されている。なお、用語集には、「踏絵」は一七社、「絵踏《えふみ》」は一二社で使用されている言葉とある。

この記述から、「踏絵」は踏ませる〝モノ〟であり、「絵踏」を踏む行為と定義していることがわかる。厳密に「踏絵」と「絵踏」を区別して解説されているが、他社も基本的には山川出版社と同じ表記となっている。なかには、注釈で、「絵踏」と「踏絵」の相違を明記している教科書もある（清水書院・実教出版・桐原書店）。

一方、違いが見られるのは、絵踏が行なわれていた地域の表記である。前述した山川出版社『詳説日本史改訂版』と同じように、絵踏が行なわれた地域を具体的に挙げている教科書とその叙述は、次のとおりである。

・明正社『最新日本史』「北九州地方を中心に絵踏などをおこなって監視を強化」
・実教出版『高校日本史B』「九州地方を中心に絵踏が実施」
・東京書籍『新選日本史B』「九州では、毎年絵踏をさせ」
・山川出版社『新日本史』「長崎などで絵踏をおこなわせた」
・桐原書店『新日本史B』「とくに信徒の多い九州北部では、絵踏がおこなわれた」

他方、絵踏が行なわれた地域を明記していない教科書は次のとおりである。

・実教出版『日本史B』「鎖国の完成以後、取り締まりをいっそうきびしくし、絵踏や密告の推奨によって信徒の発見につとめ」

・清水書院『日本史B』「キリスト教徒摘発のために絵踏の制度を設け」

このように、絵踏が行なわれた地域を明記していないことは、あたかも全国的に絵踏が行なわれていたかのような印象を与えてしまう。また、絵踏を行なっていた地域が記されていても、「九州」や「北九州」「九州北部」、あるいは「長崎」と、不統一かつ曖昧模糊であることも、その実態を不明瞭にしている。

「踏絵」から「絵踏」へ

現在の教科書では、「踏絵」と「絵踏」は区別されて記されることが多いが、いつ頃からこのように扱われるようになったのか。採択率の約五〇%を占める山川出版社発行の高校教科書『日本史』に掲載されている史料と記述の変遷を見ると、次のような経緯がわかる。

・昭和二十六年（一九五一）検定済教科書
板踏絵（無原罪懐胎の聖母）と真鍮《しんちゆう》踏絵（ロザリオの聖母）を掲載。
「宗門改を置き、踏絵や宗門人別帳をつくった」と記す。

・昭和三十四年教科書
真鍮踏絵（ロザリオの聖母）とシーボルト著『日本』の「jefumi」の箇所を掲載し、

「踏絵と踏絵をする図」として紹介。

記述は、昭和二十六年のものを基本的に引き継ぐ。

つまり、この頃は「踏絵」と「絵踏」が峻別されておらず、「踏絵」の語が、踏む行為を包摂した意味として使われていることがわかる。なお、昭和四十二年教科書には、「北九州」で行なわれていることが追記されている。

その後、大きな転機となったのが、昭和四十八年検定済教科書である。これを引用すると次のようにある。

幕府は寺請制度をはじめ、キリスト教徒の多かった九州北部では、年年絵踏をおこなって、信者ではないことを明らかにさせた。

これより、本文中に「絵踏」の言葉が使われるようになった。同頁にはシーボルト著『日本』「jefumi」と真鍮《しんちゅう》踏絵（十字架上のキリスト）を掲載し、「絵踏をおこなっているところ。真鍮でできた踏絵」と記し、「踏絵」と「絵踏」を明確かつ積極的に使い分けている。これ以降、「踏絵」を踏む行為が「絵踏」として定着し、今日の表記に至っているのである。あわせて、「北九州」が「九州北部」と変更されているが、それは、昭和三十八年に福岡県に北九州市が設置されているためと推察される。

このように、「踏絵」から「絵踏」へ変更するに至った背景には、片岡弥吉著『踏絵―禁教の歴史』（日本放送出版協会）の出版があったものと思われる。これは、昭和四十四年に発表されたもので、このなかで片岡氏は、「踏絵」と「絵踏」を定義している。「絵踏」とは、十字架やキリスト、聖母など、キリシタンたちが、信仰の対象として崇める神や聖人の画像を踏ませること。「踏絵」は、「絵踏」行事に用いる御影《みえい》、すなわち聖画像類であるとしている。各地の具体的な資料を用いながら、踏絵を概説的に紹介した成果を受けて、山川出版社などの教科書にも反映されたものと思われる。

「踏絵」と「絵踏」の厳密性

片岡弥吉氏は『踏絵—禁教の歴史』のなかで、「踏絵」と「絵踏」の定義をしているものの、「いつの頃からか絵踏のことを踏絵といい、混用されるようになった」とも付言している。つまり、今日、我々が混同して認識しているように、江戸時代でも厳密に区別されて使われていたのではない。それでは、江戸時代の史料には、「踏絵」と「絵踏」がどのように記されているのか。絵踏をしていた地域の史料から、具体的に見ていきたい。

寛政三年（一七九二）に『長崎実記』から抜粋して記された『翁草』には、

切支丹《キリシタン》の仏像を紙に書て、一人宛に踏しめらる、是を踏絵と云……木板に彼仏像を彫込て踏しめらる、是を絵板と云……

とある。また、寛政九年成立『長崎歳時記』には、

此(一月四日)日より市中踏絵はし(始)まる

とある。これらから、「絵踏」の意味をもって、「踏絵」の言葉が使われていることがわかる。長崎でまとまって残されている桶屋町の宗門人別改帳《しゅうもんにんべつあらためちょう》の表紙には「桶屋町中家持借屋宗旨改踏絵帳」（寛保四年〈一七四四〉）とあり、行政文書を含めて、江戸時代中期には、すでに混同されていたものと推察される。

一方、江戸時代中期に成立した大村藩政史料『見聞集』には、

　踏絵を借用いたし、絵踏を改めん事

と記され、固有名詞としての「踏絵」、行為としての「絵踏」とを、厳密に使い分けている。なお、大村藩は、長崎奉行所から踏絵を借用していた藩であった（詳細は後述）。

天草《あまくさ》（熊本県南西部）では、文化二年（一八〇五）『上田宜珍日記《うえだよしうずにっき》』に、踏絵のことを「宗門絵板」と表現し、文化十年『木山家文書』には「人別宗門踏絵改」とあり、行為の「踏絵」を使っている。

平戸藩「郡方仕置帳」（松浦史料博物館蔵）には、「踏絵」を見届けたという記述があり、行為としての「踏絵」を使っている。また、平戸藩主隠居後に松浦静山《まつらせいざん》が著した『甲子夜《かっしや》話《わ》』を見てみると、

　絵版ハ人々踏ム者ナレバ、俗コレヲ謂テ踏絵ト謂フ

とあり、固有名詞としての「絵版」、そして、俗称「踏絵」を表している。

これらは一部の史料にすぎないが、江戸時代中期には、「踏絵」に「絵踏」が包摂されて用いられていたことがわかる。「絵踏」と「踏絵」を意識的に区別して呼ぶことは、決して多くはなかったのが実状だろう。行為を「踏絵」とし、踏むモノを「絵板」や「絵版」とするなど、「踏絵」を行為として見なすようになっていたのである。

日米修好通商条約にも行為としての「踏絵」の言葉が使われていることから、奉行所や藩庁の行政側、ひいては、対象者である町人や村人にも「踏絵」が一般的だったと思われる。「絵踏」の本来の意味が、踏む〝モノ〟のインパクトに吸収され、「踏絵」と呼ばれるようになったのである。

絵踏の地域的呼称

踏絵（絵踏）の異称があった地域がある。詳しくは後述するが、島原藩や熊本藩では、「絵踏」のことを「影踏《えいふみ》《かげふみ》」と呼ぶことが一般的だった。島原藩の業務日誌『日記』（島原図書館松平文庫蔵）には、「影踏」の言葉が散見され、固有名詞の踏絵にあたる表現として「影板《えいいた》《かげいた》」とある。

熊本藩は、『官職制度考』（熊本大学附属図書館寄託永青文庫蔵。以下「永青文庫蔵」とする）や宝暦六年（一七五六）の『覚書《おぼえがき》』（永青文庫蔵）などに、行為として「影踏」の言葉が使われている。また、時習館《じしゅうかん》の中山昌礼《なかやままさのり》が編纂した『井田衍義《せいでんえんぎ》』（永青文庫蔵）には、モノとしての「影板」、行為としての「影踏」と明確に区別されており、島原藩と共通している。なお、小倉藩では「像踏《ぞうふみ》」と呼んでおり、これが長崎の絵踏に相当する。

このように、島原藩と熊本藩は、「影踏」と「影板」などと区別した表現をしており、踏絵の言葉使用より厳密だったことがわかる。「絵版」や「影板」と記されていれば確実に固有名詞として定義できようが、「踏絵」の語は、言質を曖昧にしている。それは、踏むという動詞を伴っている名詞のため、それ自体が行為を示す言葉として多くの人に認識されたのである。

踏絵に限らず、「捨文《すてぶみ》」（署名のない密告書など）という言葉もあるように、行為を包摂した名詞と同じ原理である。後年になるほど、「踏絵」が定着していったものと思われる。したがって、私は、今日の教科書に記載されるように、両者を厳密に区別する必要性はないと考えている。

本書は、江戸時代に行なわれた絵踏の実態を明らかにするものである。そして、踏絵の形質変化により生じた絵踏の意義の変容を、幕府や長崎奉行、藩といった支配者側とキリシタンを含む町人や村人などの被支配者側の双方から分析していく。従来、弾圧を軸として進められてきた禁教史を、「踏絵」を通じて、今一度見直していくことを目的としている。歴史学・法制史学的見地に立ち、悲劇史とは一線を画した踏絵の実相と、当時築かれていた踏絵観について迫っていきたい。

それにあたり、まず本書を読み進めていただくにあたって最小限必要と思われる日本キリスト教史の概観を述べたうえで、長崎、九州諸藩の禁教政策を明らかにしていく。

なお、本書では、便宜上、読者にその違いを明確にするために、あえて本来の原則に従って、絵を踏む行為を「絵踏」、踏むモノを「踏絵」として、以下、述べていくことをあらかじめお断りしておく。

日本キリスト教史のなかの禁教史

キリスト教伝来と布教活動

ザビエルの布教

天文十八年（一五四九）、フランシスコ・ザビエルが鹿児島に上陸する。インドで布教活動していたイエズス会宣教師のザビエルは、ポルトガル船でマラッカに密入国していたアンジロウ（ヤジロウ）と出会い、事前に日本の事情を聞いていた。ゴアでの活動が行き詰まっていたザビエルは、布教の可能性を感じて日本行きを決意、ゴアを出発して五三日間の航路で鹿児島に到着した。

ザビエルは日本人に対して好印象で、今後の展開にも希望を抱いていた。他方、日本人僧侶を蔑視しており、こうした状況が、日本布教の必要性を強くしていったようである。一ヵ月半後、鹿児島の領主島津貴久《しまづたかひさ》との面会を許され、鹿児島居住と布教の許可が下った。ザビエルは、京都へ行き、天皇と謁見したうえで布教の保護を得る計画を持っていた。

そして、比叡山や高野山を訪れて、日本の宗教を見極めるつもりだった。しかし、これがかなって京都へ向かうことが許されたのは一五五〇年八月末で、結果として約一年間、鹿児島へ滞在することとなったのである。平戸（長崎県平戸市）や山口などを経由しながら、京都へ上洛したのは、一五五一年一月中旬のことだった。

当時の京都は、天文五年に延暦寺の衆徒が、洛中洛外の法華宗（日蓮宗）寺院二一ヵ寺を焼き討ちした天文法華一揆から立ち直っていない荒廃した町並みが広がっていた。そして、天皇の権威も著しく低下している状況だった。

図1　ザビエル画像（神戸市立博物館所蔵）

ザビエルの天皇との謁見の目的は、上級階層を改宗させたのち、下級階層へ波及させることにあったが、その方針転換を余儀なくされる。そこで、上洛途中に立ち寄っていた山口を布教の拠点とし、大内義隆《おおうちよしたか》から保護を受けるかたちで布教活動を展開した。その後、ザビエルは豊後（大分県）へと移り、ここに来航していたポルトガル船に乗船して、二年三ヵ月滞在した日本を後にする。

ザビエル以降の布教の展開

離日したザビエルの教えを継いだのは、トルレスだった。トルレスは、日本の習慣や民族性に適した布教（適応主義）を実践していった。それは、日常の食事や服装にも及び、宣教師が日本の風習に合わせた生活を送っていた。また、教義を伝えるにも、仏教の教えと関連付けながら、日本人の理解を促していた。その甲斐あって、日本人キリシタンたちは、急増していく。

しかし、その後、日本布教の責任者になったカブラルは、これまでの適応主義を否定し、日本人に対しても軽視した態度を取った。そのため、日本人宣教師の養成が進まず、伝道は停滞した状況に陥った。

天正七年（一五七九）、口之津《くちのつ》（長崎県南島原市）に到着したヴァリニャーノは、カブラルの解任に伴い、立て直しを図っていく。天正八年に、初等教育機関であるセミナリヨを安土と有馬に設置、同九年には豊後府内に高等機関のコレジヨを設置（のちに加津佐〈南島原市〉、天草に移転）、日本人聖職者の養成に着手する。また、アルメイダは、天正十一年に天草《あまくさ》の河内浦で没するが、特に府内では南蛮医術の普及と布教活動を行ない、イエズス会は着実に日本布教の素地を作り上げていった。

以上のように、これまでは教皇から勅書を得たイエズス会宣教師により、日本で独占的に布教が行なわれていた。そこに、フランシスコ会が加わってくることになる。

フランシスコ会の来日

文禄二年（一五九三）、フランシスコ会士ペドロ・バプティスタが、フィリピン総督使節として訪れて京都に滞在、翌年には、フランシスコ会士三名が来日している。ヴァリニャーノは、他の修道会の来日に反対したが、日本側からの求めもあって、イエズス会の独占状態は崩れていくことになる。慶長七年（一六〇二）には、フランシスコ会士以外に、ドミニコ会士、アウグスチノ会士といった、いわゆるスペイン系托鉢修道会士が来日している。こうして、日本国内のキリスト教界の縮図は、再編成されていくことになったのである。

キリシタン大名の誕生

大名の改宗は、宣教師にとっては戦略的布教の成果であり、今後の展開を効率的にするものだった。それは、領主がキリシタンとなることによって、織田信長や豊臣秀吉らと結びつきを強めるとともに、領民たちにも改宗が波及すると考えられていたためである。いわば、トップダウンによる強制的改宗でもあり、一領国単位で成果を上げ、これを国内各地で網の目のようにつなげようとした。ザビエルがかつて抱いていた構想を、一領国単位から、全国的に展開するものへ転換したのである。

実際に、領内における集団改宗という一定の成果もあった。肥前国大村領（彼杵《そのぎ》地方・長崎市）では、天正二年（一五七四）から同四年のあいだに三万五〇〇〇人の改宗者があり、天正四年に島原領主有馬義貞《ありまよしさだ》がキリシタン大名になると、二ヵ月あまりのあいだに、八〇〇〇人以上の改宗者があったという。また、河内（大阪府東部）や摂津（大阪府北部・兵庫県南東部）では、天正五年（一五七七）に八〇〇〇人の改宗者があり、ここには、京都に南蛮寺《なんばんじ》（キリシタン寺）がつくられた影響があったともされる。これにあわせて摂津国高槻の領主高山右近《たかやまうこん》は、村役人層の百姓たちを招集し、自ら説教を聴聞させる機会を設けると、二四〇〇人のキリシタンが誕生したという。

その一方で、領主と領民のあいだにも、一種の不可侵的な状況が存在していたことは看過できない。つまり、人間の内面に踏み込む信仰心の強制には、限界があった。それゆえ、ザビエルやトルレスなどは適応主義を掲げ、日本側にあわせた布教活動を行なっている。より領民に寄り添った地道な活動が、結果として実を結ぶことになった。

前述した医療にあわせた布教活動は、領主や領民という階級の差なく効果的だった。また、キリシタン大名のなかにも、戦国期の混沌とした時勢を見極めるなかで改宗に至った者もおり、入信＝熱心なキリシタンという構図だったとは言いきれないものだった。

信仰道具の入手

キリシタンたちは、信仰のかたちを聖具に求めた。仏教の数珠にあたるコンタツに興味を寄せ、たとえば永禄六年（一五六三）に、フロイスが横瀬浦《よこせうら》港（長崎県西海市）に到着すると、平戸からもキリシタンが訪れて所望するほどだった。聖具が希少だったことから、キリシタンたちに行き渡らず、集団内で共有されることもあったようだ。数量不足を解消するために、宣教師は指示して規則をつくらせ、キリシタンたちが等しくコンタツを使うことができるように配慮されている。

これ以外にも、メダイ（聖母マリアやイエス・キリストなど、聖人・聖女などが彫られたメダル。メダイはポルトガル語）や十字架などの聖具を求めていたが、宣教師は、それに対応できないことに苦慮していたようである。そのため、日本人キリシタンは、〝自製〟の信仰道具を所持するようになった。『イエズス会日本報告集』には、

人々はみな家に彩色した十字架を紙にかいて所持していた。十字架に固執するのは、ひとつは日本人が十字架に熱い思いを抱いているからであり、もうひとつは他の聖像が不足しているからである。

と記している。聖像類が不足するほどキリシタンは急増しており、その一方で、イエズス会士による布教の成果が強調されている。また、当時のキリシタンが聖像や十字架などにすがっていた信仰形態を知ることができる。

フロイス著『日本史』によれば、病気や事故にあわないための護身具や魔除《まよ》けとして、さらに武士は、これを身につけて戦場にも出陣している。また、生月島《いきつき》（長崎県平戸市）では、自製と思われる十字架を家の壁に貼り付けて、祈りの対象としていた。

図２　ロザリオ（東京国立博物館所蔵）

図３　府内の「茄子型」メダイとキリストを鋳込んだメダイ（左）・十字架とメダイの鋳型（右）（博多遺跡群博多111次遺跡出土，福岡市埋蔵文化財センター所蔵）

また、ある男性のエピソードとして、次のものがある。彼は身重の妻とのあいだに、男児が生まれるように毎日十字架に祈禱していた。その甲斐あって男児が生まれたが、まもなく死んでしまう。これに憤った男性は、十字架を描いた紙を小刀で切り裂き、外に放り投げたことが『日本史』に記されている。熱心な信仰心の一方で、世俗的な日本人キリシタンの状況がわかる。

聖具の不足を補うために、メダイや十字架を国内で組織的に製作する動きが生じた。豊後府内では、「茄子型」や「瓢箪型」のメダイが多数出土しており、これが近隣諸国にも流通していたことは、考古学の発掘成果により裏付けられている。また、博多遺跡群では、十字架とメダイの鋳型《いがた》も出土している。キリシタンたちの求めに応じられるように、国内での生産を行なっていったのである。

禁教令の起源と展開

日本最初の禁教令

キリスト教禁教令は、正親町《おおぎまち》天皇が永禄八年（一五六五）七月五日に出した「大《で》うすはらい」（デウス払い）が端初である。これは、朝廷から発せられた法令で、当時、上洛していたイエズス会宣教師のガスパル・ビレラやフロイスらは、京都から追放されることになった。「大うすはらい」は、同年五月十九日の永禄の変で一三代将軍足利義輝《あしかがよしてる》が殺害されてすぐに出されたが、それは畿内の国人《こくじん》領主に改宗者が出てきている現状を朝廷が危惧《きぐ》していたためである。宣教師を京都から退去させ、布教活動が一時制限されることにはなったが、天正四年（一五七六）に「都の南蛮《なんばん》寺《じ》」（正式名称は被昇天の聖母教会）が、献堂されていることを考えると、その法的効力は限定的に見ざるを得ない。

他方、織田信長はキリスト教に対して好意的であり、寺社と同様に一宗派として許容している。この姿勢は、豊臣秀吉も引き継いでおり、天正九年には、姫路城下の土地をイエズス会に与えている。信長と秀吉は、宣教師たちともたびたび面会しており、良好な関係にあった。しかし、その状況が一変する事態が発生する。

天正十五年の二つの伴天連追放令

天正十五年（一五八七）、秀吉が九州征討で訪れていた博多筥崎《はこざき》で「伴天連《バテレン》追放令」を発布したことによって、宣教師との良好な関係は破綻していくことになる。

天正十五年の伴天連追放令には、六月十八日付と同十九日付のものが存在し、前者は伊勢神宮本で、十一ヵ条から構成されている。領主がキリスト教への改宗を強要していることを問題視してこれを禁止するとともに、武士の入信を許可制とし、さらには人身売買の禁止、食牛馬売買の禁止が明記されている。

後者は、松浦史料博物館本で五ヵ条からなる。冒頭で、日本は「神国」であり、キリシタン国の教えを「邪法」とする。そして、強制的な改宗を行なった末に、キリシタンたちが神社仏閣を破壊する行為は前代未聞であるため、伴天連に国外退去を命じている。その一方で、南蛮貿易の継続は認める内容となっている。

これが出されたのは、キリスト教義が秀吉の考えていた宗教観（「八宗九宗の原則」）に

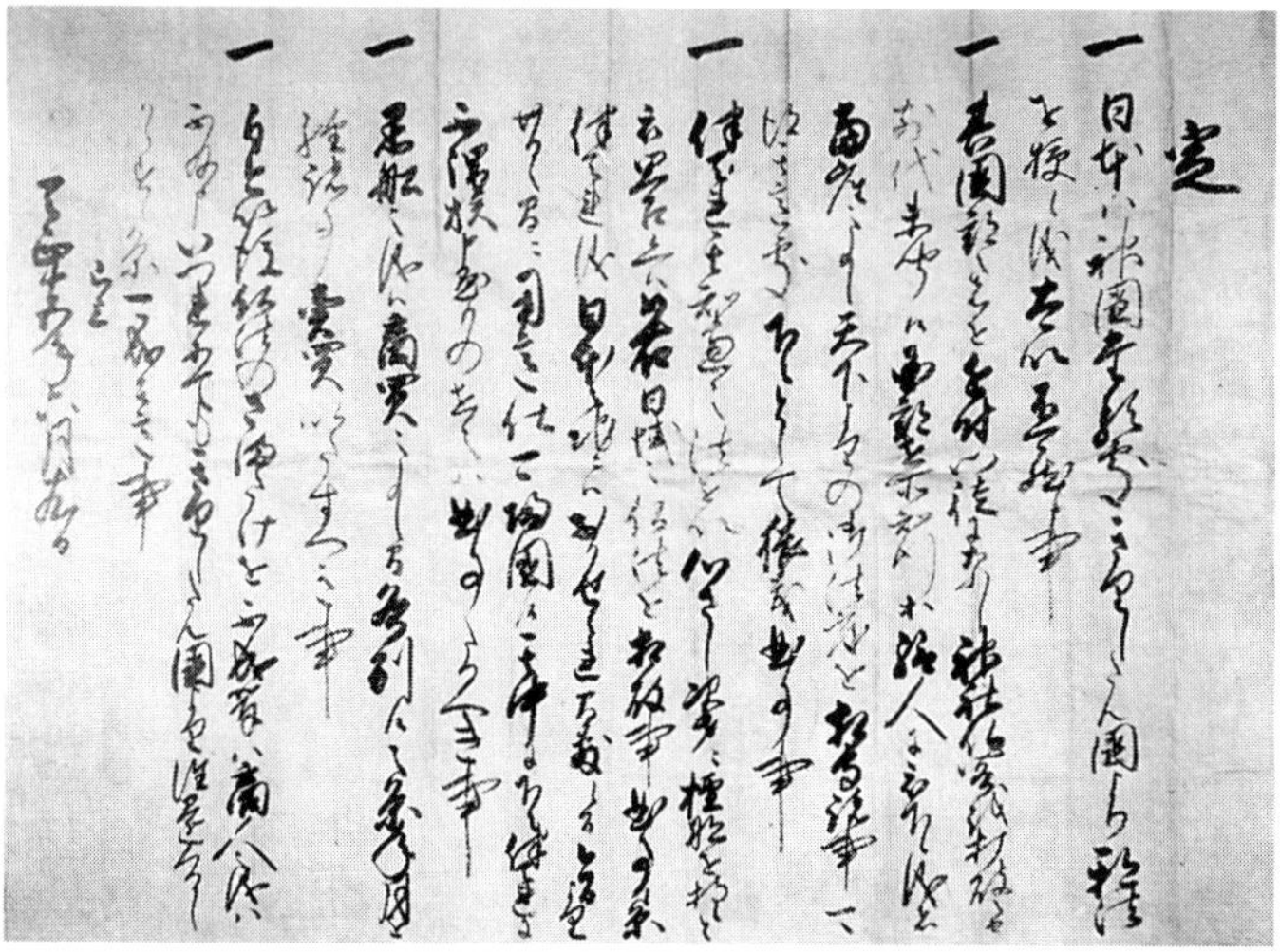

図４　伴天連追放令（天正15年６月19日，松浦史料博物館所蔵）

ふさわしくないと見なされたためである。六月十八日の伴天連追放令では、一向宗（浄土真宗）よりも警戒を強めており、さらには「天下之さはり」（天下の障り）とまで断罪している。国内的な問題ではなく、南蛮国（スペイン・ポルトガル）を巻き込んで、国家を揺るがしかねない状況を危惧していたのである。

こうして、各地の教会（修道院）は破壊されることになり、イエズス会士は平戸に集住させられたり、九州のキリシタン大名たちのところに身を寄せることになった。慶長元年（一五九六）には、土佐沖に漂着したサン・フェリペ号事件をきっかけに、フランシスコ会士やキリシタンたち二六人を長崎西坂で処刑した

（通称「二十六聖人殉教事件」）。

刑を執行するにあたっては、前述した伴天連追放令を根拠としており、あらためてキリスト教の布教を行なわず、貿易だけに従事するように求めている。初期の禁教令は、厳罰をもって対処する強硬的なものであり、この姿勢は、江戸幕府にも引き継がれていくことになった。

元キリシタン大名による対応

天正十五年（一五八七）の伴天連追放令の発布により、黒田長政《くろだながまさ》や宗義智《そうよしとし》、松浦隆信《まつらたかのぶ》、寺沢広高《てらさわひろたか》など、西国のキリシタン大名たちの多くは棄教していった。高槻領主高山右近《たかやまうこん》のように、キリシタンとして生命を全うする信奉者もいたが、豊臣秀吉の意向に従って棄教する政治的な信仰者が多くいた。戦国時代の混沌とした時勢を見極めながらイエズス会と接触を試みて苦境を乗り越えてきたものの、禁教令によって棄教に至り、ついには、取り締まり側に転じた者もいる。

たとえば唐津《からつ》の寺沢広高は、長崎奉行も務めた領主で、キリシタン大名としては比較的遅い文禄四年（一五九五）に受洗している。イエズス会からは、秀吉との関係からも好意的にとらえられており、日本での布教の重要人物として認識されていた。実際に、イエズス会と頻繁に連絡を取り合っており、フランシスコ会の布教活動による弊害が降りかからないように尽力していた。しかし、寺沢は、イエズス会とは自然に距離を取り始め、江戸幕府が発布した慶長十七年（一六一二）の慶長禁教令以降、それは顕著になっていく。

キリスト教に対して嫌悪感を持ち始めたのは、イエズス会も知り得るところだった。慶長十九年十月に寺沢広高は江戸城に召喚されると、伴天連追放の命令を受け、長崎奉行長《は》谷《せ》川《がわ》藤広《ふじひろ》とその対応にあたっている。唐津藩（佐賀県唐津市）に戻ると、キリシタンの拠点となっていた天草《あまくさ》（熊本県南西部）での禁教政策に着手し、天草領富岡城代の三宅藤兵衛に、キリシタン取り締まりを厳命している。

伴天連追放令、そして家康による慶長禁教令によって、かつてのキリシタン大名たちは、その対応を迫られたのである。キリシタン大名の小西行長《こにしゆきなが》も、伴天連追放令以降、イエズス会とは距離を取り、布教の保護に消極になる。こうした状況からは、戦国期の処世の手段として、キリスト教が利用されていたことは否めない。キリシタン大名のなかには、このような政治的信仰者も存在し、彼らによる執拗な取り締まりが展開されていった。

後述する熊本藩主細川忠利《ほそかわただとし》は、忠興《ただおき》とキリシタンである玉（ガラシャ）とのあいだに生まれたが、キリシタンの心情を理解して対処している。元キリシタン大名やその関係者たちは、禁教令以降、その関係を断ったことを示すかのように、厳しい取り締まりの姿勢を見せたのである。

江戸幕府の禁教令

江戸幕府成立後も、キリスト教禁教令は、たびたび発布されている。

慶長十七年（一六一二）三月二十一日にキリシタン禁制が出されるが、これは、江戸幕府による最初の禁教令である。このとき、幕府は、「耶蘇《やそ》教」を禁止し、所司代の板倉勝重《いたくらかつしげ》に命じて、京都にあった教会を破壊させている。そして、家臣にもキリスト教信仰を禁じ、棄教しないものに対しては罰する旨を通達する。あわせて、島原の日野江《ひのえ》（長崎県南島原市）の城主であった有馬直純《ありまなおずみ》と長崎奉行長谷川藤広に、キリシタン取り締まりを命じている。同年八月六日条々では、あらためて伴天連門徒を禁止とし、もし、これに違反したものたちには罪を科すと規定している。その翌年には、徳川秀忠朱印状「伴天連追放文」が出され、キリスト教の信仰が禁止されている。

これ以降、幕府の基本的な立場は、キリスト教の布教はもとより、信仰自体を厳禁とするものだった。慶長禁教令が出された背景には、キリシタンで本多正純《ほんだまさずみ》家臣の岡本大八《おかもとだいはち》による贈収賄事件があった。幕府内部でのキリシタンの不祥事を受けて、家臣たちにもキリスト教信仰を禁じ、これに応じない者には、厳しい処分を科していった。

こうした幕府の姿勢は、対外的にも示されることになる。当時、貿易と表裏一体だった布教活動を制限するための法整備が行なわれる。元和二年（一六一六）八月八日付老中連署によって、すべての領民にキリスト教信仰を禁じたうえ、キリスト教国イギリスに対して、自由貿易を禁じて、長崎・平戸へ向かわせる「二港制限令」が命ぜられている。

五度にわたる鎖国令

そして、五度にわたって出された、いわゆる寛永鎖国令によって、段階的に貿易相手国を制限していく。日本人の海外貿易の制限（第一次・第二次、一六三三～三四年）、そして日本人の渡航・海外居住日本人の入国禁止、外国船渡航地を長崎港へ限定（第三次、一六三五年）、貿易従事者や混血児の国外追放（第四次、一六三六年）、ポルトガル船の追放（第五次、一六三九年）を経て、日本はオランダと中国を貿易相手国と選定した。

交易の場所を長崎に制限することで、幕府直轄の貿易管理と宗教統制をしいた。また、特定の貿易都市の指定は、キリスト教の封じ込めであり、さらに宣教師やキリシタンの追放によって、日本にキリスト教徒が生まれない状態を作り上げた。こうして、再度、国内にキリスト教が流入しないような環境が、寛永鎖国令を通じて構築されたのである。

キリシタンの大量処刑と法的根拠

日本キリスト教史のなかで、宣教師やキリシタンを法に照らして処分した事例は、豊臣秀吉政権下の慶長元年（一五九六）、長崎の西坂で二六人が処刑されたことが端緒である。スペイン船サン・フェリペ号乗組員がキリスト教布教と日本征服の関連を匂わせたことをきっかけに処分が決定、その法的根拠となったのが伴天連追放令だった。秀吉のキリシタンに対する処分も、合法的な手続きに則して行なわれたといえる。

江戸幕府政権でも、前述したような慶長禁教令が発布され、さらに元和年間（一六一五～二四）になると処分数が増えていく。最初の処分は、元和五年（一六一九）に京都の七条河原でキリシタン五二名が火刑となったものである。これは、将軍秀忠が上洛しているときに執行されており、将軍威光を示すための行為だったともされる。ここで処分されたのは一般信者であり、外国人宣教師たちは含まれなかった。それは、根拠とされた元和二年の禁教令が、日本人キリシタンを対象にしていたためと解される。先に挙げた慶長処分とは異なるが、それは、伴天連追放令が外国人を包摂した法令だったことに対し、元和二年の禁教令は、日本人を対象としたものだったことを示唆する。

元和六年には、堺の朱印船貿易家でキリシタンだった平山常陳《ひらやまじょうちん》が、アウグスチノ会のスニガと、ドミニコ会のフロレスを、マニラから日本に密入国させようとしていると、イギリス・オランダ船によって発覚する事件が起こる（平山常陳事件）。翌年、イギリス商館とオランダ商館に対して、日本人売買、武器購入と輸出、海賊行為の禁止を伝えるとともに、同八年七月十三日には、捕えた宣教師二人と平山常陳、水夫など一三名が長崎で処刑された。ここに宣教師二人を含んだことは、事件の当事者だったためであることは言うまでもなく、これが、以降の先例として定着していく。

さらに、同年八月五日には、長崎西坂で宣教師や修道士の二一人、同宿（宣教師の世話役）や宿主ら家族三四人に対して、火刑や斬首が執行された。先の平山常陳事件が引き金になったことは言うまでもない。長崎ではこの処刑が行なわれる数年前から、長崎奉行の長谷川権六藤正が取り締まりを強化していたことが伏線にあった。

元和三年に宣教師たちを匿っていた宿主二人を処分、さらにその翌年には、村山等安《むらやまとうあん》に代わって代官に就任した、元来キリシタンであった末次平蔵《すえつぐへいぞう》、そして町年寄高木家らも棄教するなど、長崎市中ではキリシタンが一掃されていた。さらに、同年にイエズス会の宣教師らを捕らえ、密告を促す訴人褒賞制を実施した。

こうしたなかで、捕らえられた宣教師やキリシタンたち五五人が処刑された（元和大殉教）が、前述した平山常陳を先例として処分していったのである。

元和九年に江戸で五〇人、翌年には東北地方でも一〇九人が処刑されている。これは布教者や信仰者との区別なく実施されており、キリシタン取り締まりが全国展開されていることを裏付ける。こののち寛永鎖国令が発布されていくことから、こうしたキリシタン処分の積み重ねが、禁教の骨子を作り上げていったのである。

宗門改と絵踏

たび重なる禁教令の発布やキリシタン処分によって、禁教は近世社会の前提となっていた。キリシタンであることが罪として、多くの人びとに認識されたが、この概念は法の下達と受容によって形成された。こうした社会は幕府の合法的支配の成果であり、禁教政策は、法のもとで正当化されたのである。

法度と宗門改

幕藩体制国家における法的関係性は、武家諸法度《ぶけしょはっと》により構築されていった。武家諸法度は、将軍の代替《だいが》わりごとに手交され、大名との誓約的内容を含んでいた。いわば、ここに幕藩体制下における法的関係の根幹が認められる。それは、武家諸法度に明記される「江戸の法度のごとし」という文言に裏打ちされるように、幕府が禁じる法令は、私領でも同様に遵守《じゅんしゅ》され、幕府と藩のあいだで齟齬《そご》が生じないような枠組みがつくられたのである。

元和三年（一六一七）の武家諸法度二〇条には、各国各所での禁教規定が含まれている。これにより禁教が全国法化し、大名領でも厳守された。以降、寛永十八年（一六四一）に「切支丹《キリシタン》改《あらため》」、翌年には「切支丹宗門改《しゅうもんあらため》」が大名たちに申し渡され、取り締りの強化と徹底が求められたのである。

しかし、これらの法度には、宗門改と明記されているのみであって、具体的な方法については言及を見ない。つまり、絵踏《えふみ》が指示されたのではなく、絵踏を行なうか否かに法的根拠はなかったのである。宗門改（信仰の調査）の実施方法は、地域に委任されており、その手段まで幕府は求めなかった。つまり、絵踏が実地された地域は、自発的にその効果を認めていたところや、長崎奉行から強要されたところだった。

幕府法令に先駆けて絵踏が行なわれた地域

前述した、寛永十八年（一六四二）の「切支丹改」令以前から絵踏を行なっていた地域がある。詳しくは後述するが、長崎では寛永五年には絵踏が行なわれていたとされる。また、熊本藩でも寛永十一年にはすでに影踏《えいふみ》《かげふみ》を実施している。藩主の細川忠利《ほそかわただとし》は影踏を実施した結果、その効果の高さを主張し、長崎奉行に影板《えいいた》《かげいた》となる新しい信心具を求めるほどだった。このように、九州で絵踏が先行して実施されていた地域では、宗門改の徹底を幕府が求めた際も、現状緩和とならないように絵踏も継続された。

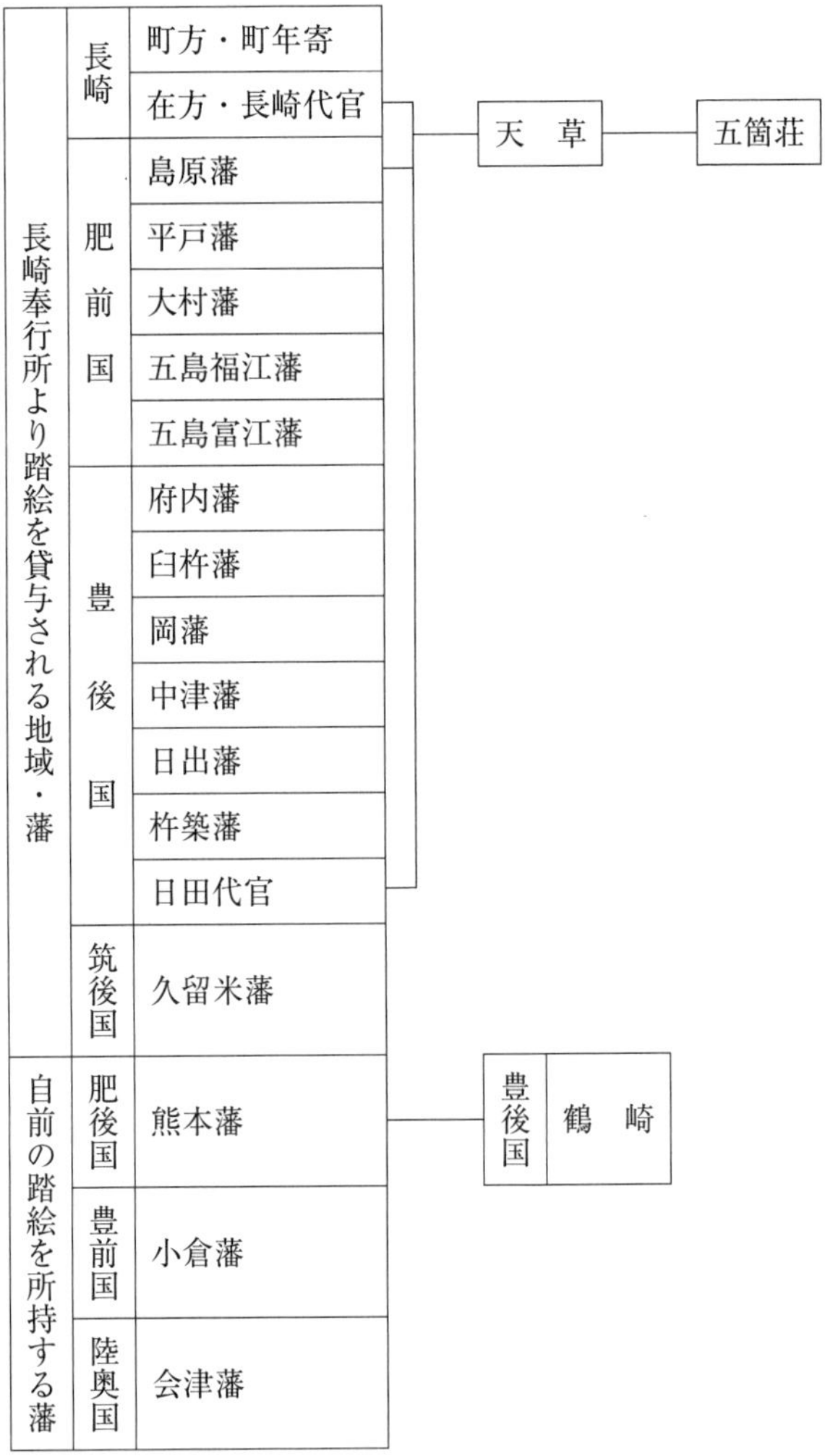

図5　踏絵・影踏・像踏を行なっていた地域と藩
(『長崎港草』『平戸藩手鑑』『家世実紀』をもとに作成)

長崎はもとより、九州各地で絵踏が実施されていくなかで有効性が認められ、幕府は禁教政策の骨子としてこれを追認した。九州には多くのキリシタンがいたことを背景に、他国より厳しい宗門改を実施するために行なわれていたのが絵踏だったのである。

絵踏は、こうして行政手続として制度化されていったが、ここに法的根拠はなかった。そのため、図5の模式図のように、九州の一部の地域と会津藩でのみ絵踏の実施が史料上で確認され、それ以外の地では行なわれなかったのである。九州に絞って見てみると、筑前福岡藩の黒田氏と、薩摩・大隅国を治めた島津氏、佐賀の鍋島氏、大きな藩のなかった日向国では、絵踏は行なわれなかった。

聖具の転用

改宗したキリシタンたちは、宣教師に聖具を所望し、これを心の拠り所にしていた。キリシタンたちは、これまで信仰していた神社や仏教のお守り、仏像などを焼却し、宣教師から与えられた十字架やメダイにすがった（信心具）。

こうした特別な思いのこもった信心具は、転じて禁教の道具として利用される。その代表的なものが後述する紙踏絵や板踏絵であり、聖具を〝踏みにじる〟という侮辱的行為をもってキリシタンか否かの根拠とした。キリシタンが十字架やメダイに特別な感情を抱いていることを理解していたからこそ、踏絵に転用されることになったのである。会津藩『家世実紀』のなかでも、寛永二十年（一六四三）に、領民に「本尊」を踏ませて宗旨を確認していることが記されており、当初、広く行なわれていた手段だった。

絵踏の制度化は、元和期（一六一五〜二四）に実施されていた大量処刑からの転換だった。キリシタンたちに心的ダメージを与え、棄教を促したのである。絵踏は、キリシタン穿鑿《せんさく》かつ確定手段であった一方で、刑罰執行の前に、棄教する機会を与えるものだった。人間の内面に踏み込むことの難しさは、幕府当局も痛感していた。幾度にわたり、キリシタンを厳刑処分していったのは、そのあらわれである。禁教を全国的に定着させ、非キリシタンを可視化するための手段として、聖具を転用して踏絵《ふみえ》としたのである。幕府はキリシタンおよびその容疑者、さらに転《ころ》びキリシタンに対して、絵踏を強要してキリシタンではないことを確認した。そこに寺請制度も相まって一層強化されることになった。

島原天草一揆

寛永十六年（一六三九）に、ポルトガル船を追放する第五次鎖国令が出されるきっかけにもなったのは、島原天草一揆《しまばらあまくさいっき》である。寛永十四年、肥前国日野江《ひのえ》藩領（のち島原藩、長崎県南島原市）の島原半島と天草（熊本県南西部）で発生した一揆は、原《はら》城に拠点を移し、同十五年二月二十八日に落城するまで続いた。益田四郎《ますだしろう》時貞《ときさだ》を首領として原城に立て籠もった一揆勢は、幕府軍の二度にわたる総攻撃を受けて鎮圧されたが、益田四郎時貞自身がキリシタンであることはもとより、この一揆には、多数のキリシタンや、藩主松倉氏の厳しい年貢（租税）取り立てなどの苛政に反対した非キリ

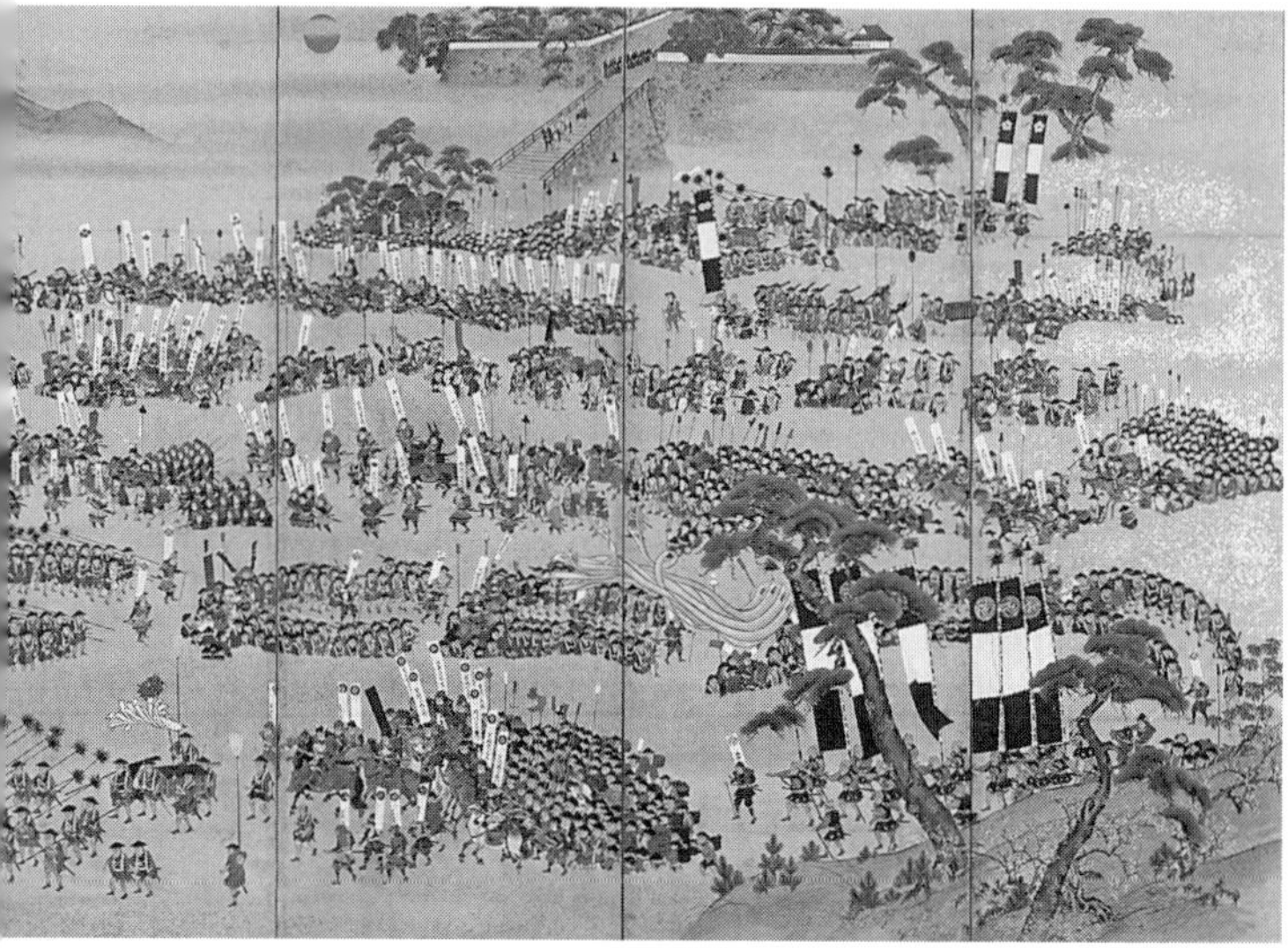

図６　『島原陣図屏風』右隻出陣図（朝倉市秋月博物館所蔵）

キリシタンも参加していた。島原天草一揆は、農民とキリシタンの抵抗といわれるように、一揆勢には女性や子供なども加わる重層的な構成だったのである。

籠城した約三万七〇〇〇人は、幕府軍に対して善戦した。幕府はこの一揆の鎮圧に、賛否がありながらオランダを参戦させ、貿易でポルトガルの代替国になり得るかの検討も行なっていた。つまり、鎖国体制を確立するため、オランダを通商国に位置付けた新しい国際秩序を作り上げようとしていたのである。そこには、キリスト教の禁教を遵守させることが条件だったことは言うまでもない。

禁教観の醸成

幕府は、禁教政策を大義とし、これを断行していくにあたって、確固たる理由付けが必要だった。そこで、農民との混成集団だった島原天草一揆を、キリシタンたちによる反乱と強調していった。一揆鎮圧にあたり、幕府軍も多くの戦死者を出しているのも事実であり、公儀に反目する存在としてキリシタンを位置付けるには格好の機会となった。つまり、幕府は、島原天草一揆を、禁教の正当化と、政策的根拠にするため、政治利用していったのである。

こうして幕府とキリシタンとのあいだには、〝勧善懲悪〟の関係が成立した。一揆終結後からまもなくして、これを伝える軍記物が数多く作成されていく。そのほとんどは体制側の目線で記されたもので、キリシタンたちが引き起こす奇妙な現象、それにも勝る幕府の武威という描かれ方は共通している。

時代を経ていくと、島原天草一揆を知らない世代が増えていく。そうしたときに、多くの人は、軍記物や伝聞などによって幕府による修正された史実を認識していった。この版本の流通が、イデオロギー形成に大きく寄与したのである。まさに体制側が目的としていた、キリシタン宗門を排撃する排耶観《はいやかん》を浸透させていくプロパガンダに、軍記物が利用されていった側面もある。

キリシタン制札と密告

こうして、幕府と諸藩のあいだだけではなく、対外的にも禁教は周知されていった。禁教という社会状況を作り上げていったとき、前述した版本流通に伴う排耶観の浸透が副次的とすれば、直接的なものがキリシタン制札《せいさつ》

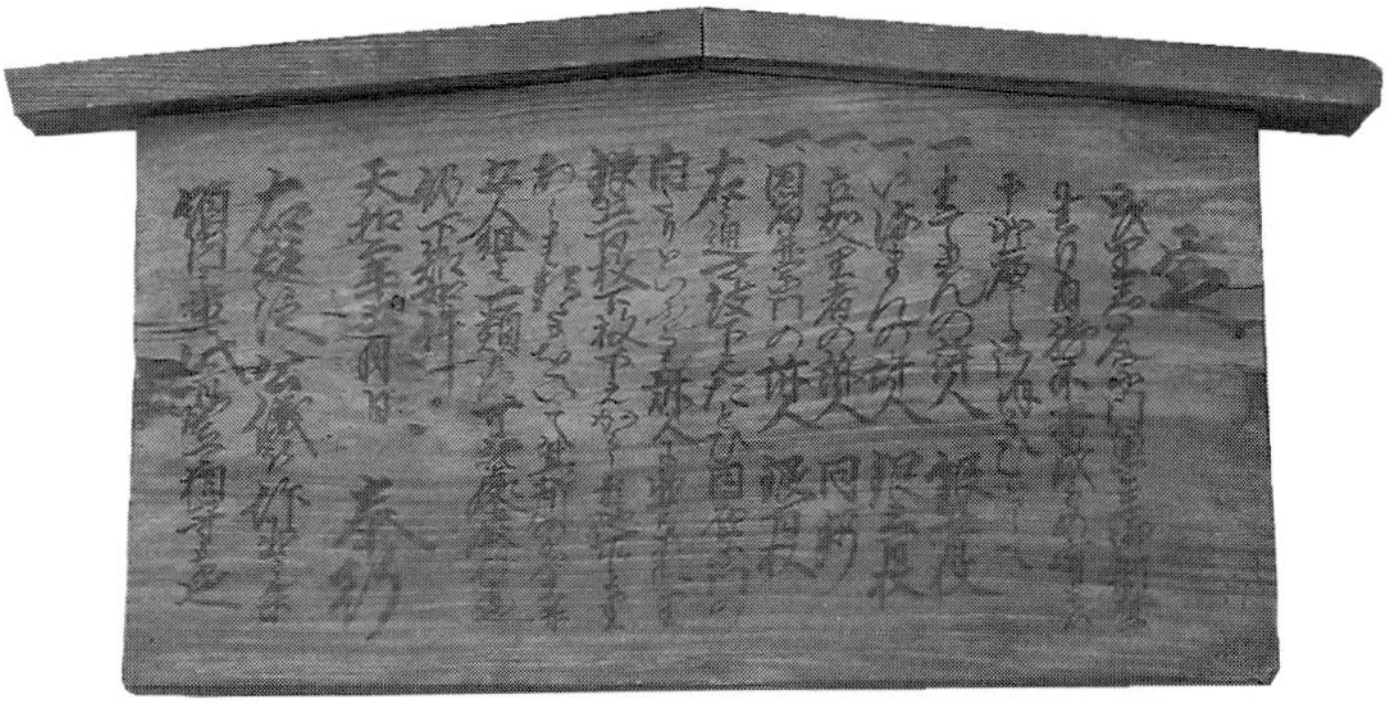

図7　天和2年キリシタン制札（西南学院大学博物館所蔵）

である。公儀から直接示されたキリシタン禁制の制札は、江戸時代を通じて掲げられた。

キリシタン制札は、寛永鎖国令と並行して作成されている。寛永十一年（一六三四）の長崎制札には、

①伴天連《バテレン》を日本へ連れて来ること
②日本の武具を異国へ持っていくこと
③奉書船以外の日本人が異国へ行くこと

という三ヵ条を禁じている。奉書船制度（近世初期の、海外渡航をする際には、将軍の朱印状と老中奉書に基づく渡航許可書を必要とした制度）廃止に伴い、三条目は日本人が異国へ渡海することを禁じる内容に変更されているが、基本的な内容は、以降も継承されている。

また、国内にいる宣教師やキリシタン対策として掲げられたのが、キリシタン訴人褒賞を記した制札である。これは三ヵ条からなるもので、寛永十五年

にはその原型がつくられ、密告を奨励した。ここには、伴天連《バテレン》（パードレ・宣教師）の訴人に銀子二〇〇枚、いるまん（修道士）の訴人に銀一〇〇枚、キリシタンの訴人に銀五〇枚、または三〇枚を褒美として与えることが明記された。この褒賞額は、承応三年（一六五四）や明暦元年（一六五五）、寛文元年（一六六一）の制札でも追認できる。

延宝二年（一六七四）になると、伴天連訴人は銀五〇〇枚、いるまんの訴人は三〇〇枚、同宿（世話役）とキリシタン宗門の訴人に五〇枚、または一〇〇枚と増額している。天和二年（一六八二）には、伴天連といるまんの訴人は先と同額、同宿と宗門は銀一〇〇枚と固定され、ここに立帰り者（復宗者）が加えられて銀三〇〇枚となった。この額は正徳元年（一七一一）の制札にも適用されており、以降、定着する。

キリシタン訴人褒賞の制札は、各地の主要高札場《こうさつば》に掲げられた。長崎では、毎月一日から五日まで嘱託銀が置かれ、寛永三年には、銀三〇〇枚の現物が置かれている（『長崎実録大成』）。これが、天和元年になると、五〇〇枚と増額して置かれるようになり、周辺三町から番人が配された。

禁教の世

キリシタン訴人褒賞の制札には、必ずキリシタン御禁制のことが明記されている。そして、この禁制のもと相互監視を促し、密告を推奨する法的根拠が制札だった。これが、寛永初期には全国各地に掲げられることとなり、近世社会を生きる人びとに、キリスト教禁教が当たり前のこととして刷り込まれていった。

また、正徳元年（一七一一）に出された五高札（親子忠孝札・火付・駄賃・毒薬・キリシタン）となったことで、幕府からさらに徹底遵守が求められたのである。

潜伏キリシタンの露顕

寺請制度と寺檀関係

近世社会は、寺請《てらうけ》制度や宗門改《しゅうもんあらため》によって人員管理されていた。各町村の構成員と寺院とのあいだで寺檀《じだん》関係を結び、宗門人別改帳《しゅうもんにんべつあらためちょう》に記載されることは、非キリシタンである証左となった。つまり、宗教（キリスト教）には宗教（仏教）で確認するという、寺院を担保にした人員把握がなされたのである（寺請制度）。また、絵踏《えふみ》を行なっていた地域では、二重に確認されていたことになるが、これは、かつてキリシタンが多くいたための措置であり、こうした歴史的背景をもとに、幕府は徹底した管理を行なっていた。

長崎では、絵踏はもとより、諏訪《すわ》神社の秋大祭である「くんち」に各町人を強制参加させている。それは、キリシタンではないことを、神事を通じて証明させ、さらに、神威によるキリシタンの滅亡を企図したのである。外国人と接することが多かった丸山町と寄合町の遊女が、毎年奉納踊を行なっているのはそのためである。このように、年中行事に禁教政策が盛り込まれているのは、長崎の特徴といえよう。こうして、日本国内には表面上、キリシタンのいない状況が、行政主導でつくられていったのである。

キリシタン検挙と〝崩れ〟

禁教政策が遂行されていくなかで、キリシタンたちは潜伏形態を余儀なくされていった。それだけ、幕府の禁教政策が厳しかったといえようが、表面的に仏教徒を装いながら信仰を続けていた者たちがいた。彼らを〝潜伏キリシタン〟といい、寺請制度はもとより、毎年、絵踏をしていたことから、見た目は一般町人と同じ生活を送っていた。

そうしたなか、彼らの信仰が露見する事態が起こった。一集落で、多数の潜伏キリシタンが検挙され、処罰を受けることになる大問題に発展した。潜伏キリシタンが大量に検挙された状況を〝崩《くず》れ〟といい、寛永鎖国令以降、たびたび見られた。

崩れを主に対応するのが長崎奉行である。領主はもとより、幕府とも連絡を取りながら対処していった。〝崩れ〟は、その形態から三期に分けることができ、以下、紹介していくことにする。

初期崩れ—大村郡崩れ

明暦三年（一六五七）九月二十五日に、大目付《おおめつけ》の井上政重《いのうえまさしげ》は、四代将軍徳《とく》川家綱《がわいえつな》から「天主教《てんしゅきょう》考察」を命じられ、宗門改役の専任となった。幕府は禁教政策の責任的役職を創設し、組織的に宗門改を実施する体制を整えていった。

そんななかで起こったのが大村郡崩《おおむらこおりくず》れである。これは、明暦三年十月に大村藩領郡村《こおりむら》（長崎県大村市）で、六〇三人に及ぶキリシタンたちが検挙された事件である。岩穴に「吉《キ》利支丹《リシタン》絵」を隠匿し、お祈りしていたことや、指導者の存在も明らかとなった。ここで捕らえられた一六歳の六左衛門なる人物は、「島原の四郎」（天草四郎）と重ね合わされ、島《しま》原《ばら》天草一揆《あまくさいっき》が鎮圧されて二〇年後に再び、キリシタンの危険性が意識されることになる。

郡崩れでは、六左衛門祖母が唱えた終末予言も相まって、かつての潜伏キリシタンにあわせて急進的な信者が生まれた。構成員が混成集団だったことは、島原天草一揆とも共通する。彼らは、大村だけではなく、平戸や佐賀、島原、長崎で身柄が拘束されており、幕府と長崎奉行、そして大村藩とのあいだで処分が検討されていく。このとき、大村藩は、自前の踏絵《ふみえ》が摩耗していたことを理由に、近年は絵踏をしていなかったことを長崎奉行に告げている。つまり、絵踏の不徹底がこうした状況を招いた原因としている。

量刑基準

この裁きを主導したのは長崎奉行であり、結果として四一一人が斬罪処分となっている。そこには一定の基準が示されている。キリシタン容疑者を一〇〇人逮捕したときは、八〇人を斬罪とし、一〇人は今後の穿鑿《せんさく》のために入牢《じゅろう》、一〇人を訴人に貢献したとして所預《ところあずけ》とするものだった。

大村郡崩れは、これに従い裁かれ、以降の基準となった。この一件は、幕府の禁教政策が徹底されていなかった地域の現状を、浮き彫りとしたのである。

豊後崩れとその対応

大村郡崩れを機に、万治三年（一六六〇）以降、美濃（岐阜県）や尾張地方（愛知県西部）、そして豊後地方（大分県）で立て続けに潜伏キリシタンたちが検挙されていく。美濃・尾張の潜伏キリシタン露見を〝濃尾崩れ〟といい、約一〇〇〇人が処分された。また、豊後崩れも、五〇〇〇人超が検挙されており、処分には幕府が介入した。ここでは特に豊後崩れについて触れていきたい。

豊後国臼杵《うすき》藩主の稲葉信通《いなばのぶみち》は、寛文八年（一六六八）九月二十五日付書状で、井上政重の後任である北条氏長《ほうじょううじなが》と、作事奉行《さくじぶぎょう》の保田若狭守宗雪《やすだわかさのかみそうせつ》らにキリシタンの存在を報告している。これを受けて、長崎奉行松平甚三郎隆見《まつだいらじんざぶろうたかみ》の指示により捕縛、入牢の手続きが取られた。こうして臼杵領で捕らえられた潜伏キリシタンは、万治三年から天和二年（一六八二）までの二二年間で一六五人に及んでいる。

豊後国には熊本藩の飛び地の鶴崎《つるさき》（大分市東部）があり、ここでもキリシタンが露見している。万治三年という豊後崩れの初期に、熊本藩家老衆である有吉頼母佐英貴《ありよしたのものすけひでたか》ら四名連署で江戸詰《えどづめ》の家老沢村宇右衛門に宛てた書状により、対応の子細を知ることができる。キリシタンを召し捕らえた熊本藩で取り調べをした結果、身柄を長崎へ送っている。そして、熊本藩が作成した調書に基づき、長崎奉行所でも取り調べ、齟齬《そご》がないか確認された。

このとき、長崎送りとなった九人のうち七人の供述が熊本藩の調書と異なっていることが判明する。彼らは長崎の取り調べでキリシタンであったことを白状したうえ、キリシタン類門の訴人《そにん》（密告）をし、自らも転宗している。長崎奉行所は、訴人にあわせて棄教したことにより、彼らを助命にした。

一方、熊本藩としては、自藩での供述を偽ったことは不届きとして、誅伐（死刑）を申し付けたいと考えていた。しかし、助命は、公儀（幕府）の判断であるため、長崎奉行妻《つま》木《き》彦右衛門重直《しげなお》と協議したうえで、断念している。

万治三年の豊後崩れから二二年間で、豊後国内の幕領と臼杵領、竹田領や府内領、肥後領で五一七人の捕縛者があった。このように長期間にわたり、現地と長崎奉行所とで慎重に対応したために、新たなキリシタンの発見につながっている。長崎奉行が九州のキリシタン穿鑿権を有したことが、効果的な捜査と処分を実施することができたのである。

濃尾崩れや豊後崩れ以降、大きな〝崩れ〟は起こらなかった。およそ一〇〇年を経た寛政二年（一七九〇）、長崎で浦上一番崩れが発生し、一九人が捕らえられることになる。

中期崩れ——浦上一番崩れ

これは、浦上村で仏像建立の費用負担をめぐる庄屋側と村民側との対立から生じた。庄屋側は支払いを拒んだ村民を、キリシタンの疑いがあるとして奉行所へ訴え出たのである。庄屋側は、キリシタン仏やデウスを信仰している噂があるということを申し添えている。双方を取り調べた結果、長崎奉行所の判断は、村民は毎年絵踏をしているうえに、寺請にも入っているため、キリシタンとして認められない。しかし、庄屋側には、日頃の行儀作法に問題があるとして、「急度叱《きっとしかり》」を申し渡したのである。一方、庄屋側には、免職や押込《おしこめ》処分が下されており、村民側より重科《じゅうか》となった。キリシタンと認定されなかったのは、状況証拠の不足や信仰を裏付ける物的証拠を押収できなかったことが大きい。

こうしていったん収束したかのように見えたが、退役した高谷永左衛門らが、キリシタン書物を提出したことで再吟味されることになる。この書物に、「さんたまるや」や「りうす」などの言葉が見られ、キリシタンとの関連が調べられることになった。また、キリシタン仏を信仰している様子を目撃したとか、具体的な証言もあり、長崎奉行所は再度調査を開始した。今回の調査でも異宗信仰者は出てくることはなく、墓石にも怪しいところはなかったため、罪を問われなかった。こうして浦上一番崩れが落着《らくちゃく》したのは、寛政八年のことだった。

繰り返すが、浦上一番崩れが起こった時期は、豊後崩れから一〇〇年以上経過している。そのあいだに絵踏の実施や寺請制度の定着によって、着実にキリシタンが存在しない社会がつくられていった。それは、幕府の禁教政策の成果の上に成立したものであり、絵踏を行なっている以上、キリシタンではないとする表層的な状況が生まれた。しかし、その限界を予見させる出来事であり、これが後期崩れのなかで政策的矛盾を表出することになる。なお、天保十三年（一八四二）には、浦上二番崩れが起こっている。これについては、詳細な史資料が残っておらず、五〇〜六〇人が捕まったとされる。このときも、厳罰を受けた者はいなかった。

後期崩れ―天草崩れ

文化二年（一八〇五）、天草（熊本県南西部）島内の大江村・﨑津村・今富村・高浜村で、五二〇五人の潜伏キリシタンが検挙される天草崩れが起こった。この四村の人口が一万六六六九人だったことから、約半分の人たちが囚われの身となった。このため、潜伏キリシタン集落には、非キリシタンの人たちも混在していたことがわかる。かねてから天草でのキリシタン信仰は風聞レベルで知られていたが、そこに捜査が入ることになった。結果として五〇〇〇人超が捕らえられた事実は、地域社会の現状を、幕府に突き付けるものだった。

このときの天草は、島原藩の預かり地だった。天草でのキリシタンの噂が聞こえてくると、島原藩は目付《めつけ》や代官を派遣し、今富村庄屋植田友三郎らを探索にあたらせた。それは、長崎奉行にも情報が伝わっていることを察した藩が、幕府からの直接的な捜査が及ぶ前に対応を講じたのである。捜査結果により、島内で牛を殺して神前に供えたり、これを食する習慣が発覚する。また、銅製の異仏も見つかるなど、物的証拠も押収されていった。

こうした状況を踏まえて島原藩は、文化元年に、天草で異宗信仰の疑いがあることを長崎奉行へ報告する。崎津村や今富村、大江村で「講会」という集会が行なわれていることなども突き止めており、島原藩としては、一刻も早く長崎奉行へ連絡を入れることで、自己保身を図ったといえる。島原天草一揆を経験している藩ゆえの迅速な対応といえよう。

文化二年から、本格的な調査が行なわれた。島民から多くの異仏が提出され、ここには南蛮国（スペイン・ポルトガル）伝来と思われるものも含まれていた。また、紅毛（オランダ）文字や十文字（「十」の文字）などが刻まれたものもあり、物的証拠が集まっていた。また、経消《きょうけし》という作法も発覚する。なお、経消とは、キリシタンたちが表向きには仏教式の葬式をよそおいつつ、別室で経文の効力を消す祈禱をして、キリシタン式の葬式を執り行なったことをいう。

こうした、キリシタンとしての信仰形態を確定する状況証拠が出揃っていたなかで、捕らえられた者たちに、大村郡崩れを根拠にした厳刑処分が言い渡されてもおかしくなかった。しかし、幕府および長崎奉行の判断は、天草島民を「心《こころ》得《え》違《ちが》い」とし、キリシタンを罪状とした処分を下さなかった。なぜか。

その根拠としては、天草島民が絵踏や影踏《えいふみ》《かげふみ》をしていたことが大きい。絵踏をしているのにもかかわらず、キリシタンと認定してしまうと、幕府が掲げた禁教政策そのものが成り立たなくなるためである。また、住民の半分を処分してしまうと、その後の復興に手間と時間を要することになる。実際に天草島民に年貢未納や領主とのトラブルなどが発生していなかったこともあり、幕府は絵踏をしていたことを理由に、地域社会の実態を優先して、潜伏キリシタンの処分を見送ったのである。

天草崩れ以降、「異宗回心之者影踏帳」が作成されている。これにより、「心得違い」と判断された者の個別監視を行なっていた。このように、極刑処分を免れた天草崩れは、以降の判例として定着していくことになる。大村郡崩れの判例を上書きする形で、新しい基準がここにつくられたのであった。

浦上三番崩れ

浦上三番崩れは、安政三年（一八五六）に起こった。この頃は、対外関係の変化に伴い、外国船の来航が相次ぎ、日本国内の動乱がいっそう激しくなってきていた。それに伴い、幕府は綱紀粛正《こうきしゅくせい》を図り、長崎奉行所もかねてからキリシタンの噂の絶えなかった浦上村に密偵を入れ、状況確認を行なっていた。そのようななかで捕らえられたのが、浦上村の山里中野郷に住む吉蔵だった。

吉蔵は帳方《ちょうかた》（惣頭《そうがしら》）という潜伏キリシタンの最高指導者だった。取り調べられるなかで、先祖伝来の「ハンタマルヤ」（サンタマリア）という白焼仏像や「イナツショウ」（聖イグナシオ）という唐金仏座像、「ジゾウス」（キリスト）という仏像、日繰書《ひぐりしょ》を所持していることが発覚する。また、経文やオラショ（キリシタン用語の祈り）を唱えたり、家族を含めて洗礼名を持っていることも確認された。これにより、一六人の潜伏キリシタンが捕えられたが、彼らはキリシタンとして認定されず、「異宗信仰者」とされた。

そのため、彼らは、幕府法に規定される「三鳥派《さんちょうは》・不受不施派《ふじゅふせは》」の規定を用いたり、「天草郡異法一件」（＝天草郡崩れ）などを判例にした処分案が決定されていった。なお、「三鳥派」とは日蓮宗富士派の一分派であり、「不受不施派」も日蓮宗の一派である。また、檀那寺《だんなでら》である聖徳寺《しょうとくじ》の定天は、宗門改に怠慢があったとして、「百日逼塞《ひっそく》」となっている。この量刑は、「讃州草加村一件」の瑞明の判例（「五十日逼塞」）に従ったものである。瑞明は、キリシタン類族の死骸の処理に不手際があったとして処分されており、定天はこれよりも重科と判断されたのである。

浦上三番崩れの処分も、天草崩れと同じように、実態社会を優先したものだった。これまで問題なく村請《むらうけ》制（年貢・諸役の納入や触の遵守などを村を単位として請け負わせる制度）が行なわれていたため、キリシタンとしての処分を見送ったのである。

これを裁いた長崎奉行の岡部《おかべ》長常《ながつね》も、「本来であれば、ほかの浦上村民を含めて検挙して、所業が悪いとして五十日手鎖とすべきであるが、大勢が手鎖処分となると、村方が困窮することになる」という意見をもらしている。絵踏を行なっているという前提のうえに、浦上村民を異宗信仰者とすることによって、現状の地域社会を維持しようとしたのであった。最終的な処分は確定しないまま、このの ち浦上四番崩れが発生することになる。

修好条約締結と禁教政策の緩和

禁教政策の緩和

前節で見たように、初期崩《くず》れから後期崩れと移行するなかで、幕府のキリシタン処分は曖昧なものと変わり、寛刑化とも異なる判断がなされていた。つまり、幕府の禁教観と実態社会とあいだで矛盾が生じ、これが表出していったのである。さらに、ペリー来航に始まる欧米列強の外圧によって幕府の禁教政策は、修正を余儀なくされていった。

幕府は、安政五年（一八五八）に米英仏露蘭の五ヵ国に対して、領事裁判権を認め、かつ関税自主権のない修好通商条約《しゅうこうつうしょうじょうやく》を締結する。これにより、宗教政策も状況を一変させることになった。詳しくは後述するが、長崎では絵踏《えふみ》も廃止されることになる。

また、日米修好通商条約第八条や日蘭修好通商条約第七条には、居留地内に「礼拝堂」

の設置を認めることが明記されている。そして、日英修好通商条約第九条には「拝所」、日仏修好通商条約第四条には「宮社」の建立が定められた。このように、日本国内にキリスト教関連施設の設置が認可されたことは、禁教が対外的な法的拘束力を消失し、事実上、鎖国は崩壊することになった。

しかし、右の条文は、居留地内に限定するもので、教会は、外国人の信仰のために設置を認めたにすぎない。しかし、これにより宣教師が国内に滞在するようになると、布教する環境は整えられたことになる。また、居留地内に教会がつくられたとしても、その建造物が、大規模で目立つため、多くの日本人から注目を集めることになった。

条約上では制限されたものの、結果として、多くの潜伏キリシタンたちの目に触れることになった。衝動にかられたキリシタンたちにより、新たな動きが生じたのである。

浦上四番崩れの発生

現在、国宝に指定されている大浦天主堂は、元治二年（一八六五）に建てられたが、竣工中から多くの日本人たちの関心を集め、長崎町人が見物に訪れていた。そのため、長崎奉行は居留地へむやみに立ち入ることを禁じる触《ふれ》を出すほどだった。そこで起こったのが、同年三月十七日にイザベリナ・杉本ゆりが、大浦天主堂（フランス寺）を訪れ、プチジャン神父に、自身がキリスト教を信仰していることを告げた「信徒告白」である。日本にはキリスト教徒はいないと思っていたプチジャンは驚嘆し、この情報は海外へ発信されることになった。

そして、浦上村のキリシタンは、国内にいる同士を探し始め、それは、福岡の今村（福岡県大刀洗町）へも及んでいる。長崎の浦上村では立帰り（復宗）の動きが生じ、今村などとも交流を深めていった。なかには、死去したら檀那寺《だんなでら》により供養される寺請《てらうけ》を否定し、自分たちで埋葬（自葬）するようにもなっていた。これは、幕府の禁教政策の軽視であり、潜伏キリシタンたちの表立った反幕行為は、長崎奉行から問題視されるようになった。

図８　慶応元年落成当時の大浦天主堂

そこで、長崎奉行は、禁教令違反を根拠に一斉検挙に動いた。こうして慶応三年（一八六七）六月十三日に浦上村のキリシタンたちが大量に捕えられる、「浦上四番崩れ」が発生したのである。浦上村の秘密教会が発覚し、キリシタンを特定する物証も押収されている。

しかし、取り調べが進められている最中に江戸幕府が倒れ、その処分は明治政府に引き継がれた。そこで下されたのが、慶応四年と明治二年（一八六九）の二度にわたり、西国三四藩に三〇〇〇人を超える浦上村キリシタンたちを預ける、分配預託だった。

この処分は長州藩士が主導したが、極刑を望む長崎県令、処分自体に反対する外国諸国との折衷案を採用したといえる。明治新政府の樹立によって、幕府時代の判例法や絵踏の有無にとらわれず、新しい裁きを実施することができた。

制札撤去

江戸幕府が掲げたキリシタン制札《せいさつ》は、明治政府下にも引き継がれた。明治政府は、安政五ヵ国条約締結以降に変化した対外関係を意識しながら、幕府の禁教政策を踏襲する方針であった。それは、これまで日本人に醸成されていた排耶観《はいやかん》に基づくところが大きく、さらに、江戸時代中期以降に進んだ官僚制支配が、明治政府にも継続されたことも要因である。こうして、慶応四年（一八六八）、キリシタンと邪宗門を別条立てで禁止した太政官札が掲げられた。

図９　慶応４年太政官札

しかし、この掲示も長くは続かなかった。不平等条約改正交渉にあたり、日本の禁教政策はたびたび議論にあがるところとなっていた。浦上四番崩れの処遇をめぐっても、海外で多くの反発を受けていた。また、公然と掲げられていたキリシタン制札が、日本に滞在する外国人に悪い印象を与えていた。こうした対外的な宗教観の相違との擦り合わせを、明治政府は具体的な形として見せる必要が生じ、制札の撤去が検討されたのである。

明治六年（一八七三）二月二十四日、高札《こうさつ》を撤去する太政官布告が出される。これは、キリシタン制札だけを撤去するのではなく、法の布告の手段として高札を用いないというものだった。一般に熟知されている法令のため、掲げる必要はないというのが理由だった。ここに、禁教を撤廃するという意識はなく、明治政府としては、高札撤去は法の伝達方法の変更にすぎなかったのである。

しかし、高札撤去を受けて、浦上四番崩れで分配預託となっていたキリシタンたちの帰村は現実味を帯びてくる。明治六年三月から「異宗徒帰籍」が発せられると、帰村を願った者たちは、順次、長崎へ身柄が送られるようになった。これまで掲げられてきた高札の撤去、そして、キリシタンたちの帰還の現実は、多くの民衆たちの目には、禁教解禁として映ったのである。明治政府は禁教令を廃止したのではなく、法の布告形態を変更したと考えていたが、多くの人にはそう認識されず、誤解を生じさせたのである。

禁教解禁の訪れ

制限付きでありながら信教の自由が認められたのは、明治二十二年（一八八九）の大日本帝国憲法である。この二八条で、日本国民は、「安寧秩序」を妨げず、「義務」に反しない限り、キリスト教信仰も認められたことになる。こうして、江戸幕府により確立された禁教政策は終焉を迎えることになった。

ここに至るまでには、安政五年（一八五八）に長崎での絵踏廃止、明治六年に制札撤去と浦上村キリシタンの帰還、同二十二年には大日本帝国憲法の施行といったように、段階的に法的規制が緩和されていき、キリスト教を信仰する土壌がつくられていったのである。

禁教政策の最前線の長崎

長崎の二つの支配体制

長崎奉行の支配地と長崎代官の支配地

近世長崎は、「長崎市中」と呼ばれる長崎奉行管轄の天領（町方《まちかた》）と、長崎代官管轄の郷方《ごうかた》がある。奉行所を中心に発展した町方と、その周辺域にあたる村方《むらかた》とで管轄が分かれていた。長崎奉行は老中、長崎代官は勘定奉行配下であるが、市中の支配では長崎奉行が代官より優越した。長崎代官は、伺いをたてるとき、長崎奉行と勘定奉行の双方に上申する必要があるなど、一種の〝二重支配〟のような状況にあった。

長崎は〝鶴の港〟と呼ばれる天然の良港だった。貿易の進展に伴い、市中は拡張していった。出島《でじま》や唐人屋敷《とうじんやしき》のある異国情緒にあふれ、多くの文人墨客がここを訪れた。また、郷方にあたる浦上村は、潜伏キリシタンがいたところで知られ、ここは、のちにアジア太平洋戦争の際に、長崎原爆の落下中心地となったところでもある。

それではまず、天領のほうから見ていこう。

天領長崎の町方の変遷

元亀二年（一五七一）、ポルトガル船に開港したことで、長崎の町建《まちだて》は始まった。周辺諸国からの移住によって造成されていき、大村町・島原町・平戸町・横瀬浦町・外浦町・文知町の六町がつくられた。貿易が活況になると、多くの商人が行き交い、町は広がりを見せていった。

文禄元年（一五九二）には、その町数は二三を数えた。これらの町は「内町」と称され、地子《じし》（町方の屋敷など宅地に課せられた税）免除の特権が与えられている。寛文十二年（一六七二）には、内下町が本下町と今下町、興善町が後興善町と新興善町、築町が東築町と西築町とに分離し、二六町となった。

文禄元年以降、長崎の町は山村部に拡張していく。正保年間（一六四四〜四七）には、内町を含まずに四二町に増え、さらに、寛文十二年には一町分離しながら、五四町になった。これらの町を「外町」という。外町は、内町とは異なり、地子免除の特権は付与されず、年貢の代わりに地子を納めた。なお、丸山町と寄合町の二つの傾城町《けいせいまち》（遊廓《ゆうかく》）と出島町も外町に属する。

こうして長崎の町は、内町と外町をあわせて八〇町となった。寛文三年三月八日には大

図10　『寛文長崎図屏風』左隻（長崎歴史文化博物館所蔵）

火が起こると、金屋町・今町・出島町・筑後町・上町・中町・恵比寿町を除き、長崎奉行所はもとより牢屋など、行政機関のほとんどを焼失した。『徳川実紀』には、「長崎の地この八日火災あり。両奉行の官宅。民屋若干焼失せし注進あり」とあり、奉行所焼失の報告はあるが、さほど大きな火災ではないように伝えられている。しかし、この火災は甚大な被害となっており、長崎奉行島田守正《しまだもりまさ》は、幕府から銀二〇〇〇貫を借り受けると、内町と外町の住民に貸与して、復興を後押しした。

長崎大火からの復興が進められるなか、長崎奉行所を東役所（立山《たてやま》役所）と西役所とに分離する。また、道幅を均一化する区画整理が進み、都市の景観となっていった。そして、元禄十二年（一六九九）七月には、内町と外町が一元化され、内町の特権が解消され、長崎奉行の管轄下に入ることになった。

江戸時代の長崎の人口は、万治二年（一六五九）に四万七〇〇〇人、寛文九年に四万五五五八人と推移し、元禄九年には六万四五二三人と最盛期を迎える。これ以降、減少傾向にあり、正徳五年（一七一五）には四万一五五三人、天明八年（一七八八）には三万二三六四人、天保九年（一八三八）には二万七一六六人となり、同数程度で幕末期に至っている。

長崎の郷方

長崎の郷村部はかつて藩領で、天正八年（一五八〇）に大村純忠《おおむらすみただ》が長崎と茂木を、同十二年に有馬晴信《ありまはるのぶ》が、浦上をイエズス会に寄進している。イエズス会はここを拠点に布教活動を行なっていたが、天正十六年に豊臣秀吉が収公、鍋島飛驒守直茂《なべしまひだのかみなおしげ》を長崎代官に任命して直轄領とした。江戸時代に、この地を支配したのが後述する長崎代官で、当初、村山等安《むらやまとうあん》が務め、のちに末次家《すえつぐけ》、高木家へと引き継がれている。

天領長崎に隣接した長崎村・浦上村山里・浦上村淵を長崎三ヵ村といい、明和年間（一七六四〜七二）には、その石高は四〇〇〇石を越えている。人口も元禄二年（一六八九）には四九七七人だったが、天保九年（一八三八）には一万二八五三人となり、安政二年（一八五五）には一万三六〇七人と増加の一途をたどっている。

また、明和五年（一七六八）、長崎代官高木作右衛門忠興《たかぎさくえもんただおき》のとき、彼杵《そのぎ》郡の高浜村・野母村と、高来《たかき》郡の古賀村・日見村・茂木村・川原村・樺島村の長崎七ヵ村が支配地に加えられる。長崎三ヵ村とあわせて一〇ヵ村、石高六九〇〇余を支配することになった。なお、長崎代官支配地には松浦《まつら》郡（二万石）、肥後国天草郡と八代《やつしろ》郡（二万三〇〇〇石）、日向《ひゅうが》国（宮崎県）児湯《こゆ》郡（七〇〇〇石）、筑前《ちくぜん》国（福岡県）怡土《いと》郡が預所《あずかりところ》（預かり地）となると、文政二（一八一九）年には天草郡一万六〇〇〇石がさらに加わった

長崎村船津郷には米蔵がつくられ、長崎村小島郷には牢屋が設けられた。また、浦上村渕には西泊番所や小瀬戸遠見《とおみ》番所、浦上村山里には御船蔵《おふなぐら》が置かれている。このように長崎三ヵ村（代官支配地）は、長崎奉行所の機能を補完していたのである。

長崎奉行

文禄元年（一五九二）に初代長崎奉行として、寺沢志摩守広高《てらざわしまのかみひろたか》が就任する。寺沢広高は唐津《からつ》領主で、家臣を長崎に派遣して支配していた。

江戸時代になると、慶長八年（一六〇三）に、小笠原一庵《おがさわらいちあん》が最初の長崎奉行に就任する。以降、慶応四年（一八六八）の倒幕まで一二七代（一二八人）がその任にあたった。長崎奉行の前職には目付《めつけ》が多く、長崎奉行を離任するにあわせて勘定奉行や町奉行、作事《さくじ》奉行、普請奉行などに転じる傾向にあった。

長崎奉行の定員は、慶長八年には一人だったが、寛永十年（一六三三）には二人、貞享三年（一六八六）には三人、元禄十二年（一六九九）には四人と増加する。その後、正徳三年（一七一三）には三人、同五年には二人になったのち、天保十三年（一八四二）まで

この体制は維持される。天保十四年に一人、弘化三年（一八四六）には二人となるが、江戸時代を通じて、二人体制が長かった。長崎奉行は、長崎の地で奉行職にあたる在崎《ざいさき》奉行と、江戸で務める在府《ざいふ》奉行がおり、三人体制のときには、二人が在崎で一人が在府だった。

当初、長崎奉行には、将軍の近臣が就任し、将軍が所望する貿易品を取引する「こま物御用」にあたる家政機関だった。そのため、貿易時にのみ来崎し、支配は後述する町年寄《まちどしより》らに委任していた。しかし、寛永鎖国令によって長崎奉行は、貿易業務の統括とキリシタン取り締まりの任にあたるようになる。

さらに、寛永十五年十一月十日付の長崎奉行馬場三郎左衛門利重《ばばさぶろうざえもんとししげ》と大河内善兵衛正勝《おおこうちぜんべえまさかつ》に宛てた奉書《ほうしょ》により、老中配下に長崎奉行は位置付けられた。そして、他の天領と同じように、長崎に常駐して支配にあたり、在府と在崎を一年交代する制度が確立した。

長崎奉行の職権は、寛文十二年（一六七二）閏六月二十五日付の、四代将軍徳川家綱《とくがわいえつな》から長崎奉行に宛てられた書状でも再確認される。

①日本人の出国禁止。もし異国に居住する日本人が帰国したら死罪とする。

②キリシタン禁制の遵守。宣教師の入国禁止と訴人の褒賞を推奨する。

③キリシタンの捜索。

などが明記され、鎖国令を踏襲している。鎖国令は老中連署だったが、これにより長崎奉行の職権が将軍という最高レベルで認められることになった。

長崎奉行は、貿易業務とキリシタン取り締まりという、他の遠国奉行《おんごくぶぎょう》とは異なる職権を有していた。また、任期制で業務に不慣れということもあり、長崎地役人《じやくにん》（主要な行政実務を担当、後述）に依存する傾向が強かった。そのため幕府は、長崎奉行へ積極的に市中の行政や司法にも関与するように命じている。

延宝五年（一六七七）には、江戸との連絡強化と九州のキリシタン捜索権の行使があらためて明文化されている。こうしてキリシタン取り締まりの権限を掌握していった長崎奉行は、各地で起こったキリシタンの大量検挙（崩れ）でも、積極的に捜査に関与していったのである。そして、長崎市中での絵踏《えぶみ》の実施はもとより、諸藩に対しても踏絵《ふみえ》の貸借を通じて職権を確立し、九州諸藩との関係を構築していった。

長崎代官

長崎の郷方の三ヵ村を支配した長崎代官の起源は、天正十六年（一五八八）に、豊臣秀吉がイエズス会領となっていた長崎の浦上・茂木《もぎ》を収公したときに、鍋島飛驒守直茂を代官に命じたことである。このときの代官は、家臣を派遣して支配させており、現地で直接行政にあたるようになったのは、文禄元年（一五九二）に、村山等安が長崎代官になってからである。代官の村山は、二五年間にわたり、郷方と町方の一部（外町）の支配を行なった。

元和五年（一六一九）に、末次平蔵政直《すえつぐへいぞうまさなお》との政争に敗れて、村山等安は失脚する。代わりに就任した末次家は、長崎町建に尽力した有力者で、朱印船貿易家としても知られる。代官職は、平蔵政直以降、平左衛門茂貞《へいざえもんしげさだ》・平蔵茂房《しげふさ》・平蔵茂朝《しげとも》と四代にわたって世襲されている。

しかし、末次平蔵茂朝は延宝四年（一六七六）に、自身の召使である陰山九太夫らの抜荷《ぬけに》（密貿易）が発覚したことにより、息子の平兵衛とともに隠岐《おき》に流罪となった。これに伴い、末次家が代官職から離れることになると、しばらく長崎代官は空席となる。

再び設置されたのは、元文四年（一七三九）である。筆頭町年寄で、御用物役《ごようものやく》（長崎貿易で幕府が購入する物資を差配する）にあった高木作右衛門《たかぎさくえもん》忠与が、長崎村・浦上村淵・浦上村山里の三ヵ村三〇〇〇石を治める長崎代官となった。高木作右衛門忠与は、老中本多《ほんだ》中務大輔忠良《なかつかさのだいふただなが》と長崎奉行窪田肥前守忠任《くぼたひぜんのかみただとう》から「長崎附地方代官」が命ぜられ、これまで務めていた御用物役も兼務した。末次平蔵の流罪後、その屋敷は、町年寄の任にあった高木作右衛門家に引き継がれていたが、代官就任後もここで政務にあたった。

高木作右衛門忠与が就任して以降、幕末まで高木家が代官職を世襲していく。その職掌も年貢徴収や法令順達、警察、裁判などの地方《じかた》支配、幕府献上の御用物の調達、漂流民の対応など、多岐に及んでいる。支配地の宗門改《しゅうもんあらため》の実施責任者であり、潜伏キリシタンがいた地域だったことから、その任は重要だった。また、代官支配地も年を追って拡大していき、天草や八代郡なども預所としている。支配地の広がりは、絵踏の巡回など、役負担が大きくのしかかっていった。

長崎地役人　寺沢広高の長崎奉行就任にあわせて、頭人《とうにん》と呼ばれていた有力者である高《たか》木勘左衛門《ぎかんざえもん》（のちの作右衛門）、高島了悦《たかしまりようえつ》、後藤惣太郎、町田宗賀らが長崎奉行を補佐し、町方支配に関与することになる。頭人は、長崎開港後に長崎に移住した者たちで、文禄元年（一五九二）に町年寄と改称され、地役人の長となった。四家のなかで町田家が没落すると、代わりに高木彦右衛門が跡役に任ぜられ、四人体制は維持された。

一方、外町には年行司《ねんぎようじ》が置かれる。慶長年間（一五九六〜一六一五）に、外町支配にあたる長崎代官を補佐する立場として、佐藤又右衛門が任ぜられた。慶安年間（一六四八〜五二）までは一人体制だったが、寛文四年（一六六四）には、内田与三右衛門と辻市左衛門の二人体制となるも、辻市左衛門が流罪になり、かわりに薬師《やくし》寺宇右衛門種永《たねなが》が就任する。寛文五年に、長崎奉行島田《しまだ》久太郎守政《もりまさ》が、年行司は奉行所附年行司と混同しやすく紛らわしいとして、常行司《つねぎようじ》と改称している。常行司は、内町の町年寄に相当し、外町乙《おと》名《な》の入札によって決められた。

前述したように、元禄十二年（一六九九）に内町と外町が一元化されたことにより、長崎奉行の一括管轄となった。これにより、常行司の福田伝次兵衛と久松善兵衛は、町年寄に役替《やくがえ》となった。外町で町年寄と同じ職務にあたっていたため、スムーズな業務引継がなされたと考えられるが、町年寄に吸収される形で、常行司職は廃止されることになった。

こうして常行司を包摂した町年寄は、六人体制に編成された。その後、九家（高木家・高島家〈四郎兵衛系・作兵衛系〉・後藤家・薬師寺家・福田家〈伝次兵衛系・六左衛門系〉・久松家〈善兵衛系・土岐太郎系〉）まで膨らむものの、高島四郎兵衛系や福田六左衛門系が免職となり、七家となった。

これらの町年寄の下、各町を実際に統括していたのが町乙名であった。傾城町である丸山町と寄合町、そして出島町を除く七七町は「惣町《そうちょう》」と呼ばれ、各町に一人が乙名に任ぜられた。乙名はその町を統轄するとともに、加役《かやく》にもあたった。乙名を補佐する立場として、組頭《くみがしら》が置かれ、一町につき二人から四人が選出された。さらに、乙名と組頭を補佐する日行使《にちぎょうじ》が設けられ、これは世襲制が許されていた。

他方、村方では、庄屋が一名、そして各郷に乙名と、それを補佐する散使《さじ》が置かれた。なお、散使はのちに警察権を有する地役人として、治安維持に尽力することになる。

踏絵の主題と図像

板踏絵と真鍮踏絵の比較

現存する真鍮踏絵《しんちゅうふみえ》一九枚（東京国立博物館蔵、二〇枚作製されたものが一枚行方不明の事情は後述する）には、四つのキリスト教の主題「エッケ・ホモ」「十字架上のキリスト」「ピエタ」「ロザリオの聖母」が鋳込《いこ》まれている（主題については後述）。その図像の参考には、板踏絵が用いられたと思われるが、選定理由は不詳である。なお、現存する板踏絵には「十字架上のキリスト」の主題はなく、また、真鍮踏絵にある主題以外に「無原罪懐胎《むげんざいかいたい》の聖母」の板踏絵が確認できる。

真鍮踏絵で参考にされた板踏絵を見ると、その素材はレリーフ（浮き彫り）であり、鋳物の銅像もしくはメダイである。メダイはキリシタンたちが身に着ける信心具の一つだが、板踏絵に利用されたのは礼拝のために使用された大型のメダイである。これは、西欧ではプラーク（plaqhet）と呼ばれ、壁掛けである。板踏絵に嵌められているものは、小型のプラークという意味で、プラケット（plaquette）と称されている。

プラークおよびプラケットは、十五世紀のイタリアを中心に発展し、その後、西欧各地に広まっていった。その用途は、教会のミサで接吻碑として使用されるほか、個人の寝室に礼拝用として置かれている。そして、十六世紀の対抗宗教改革期になると、布教の道具として大量に生産された。日本には、ザビエル来航以降、宣教師たちが持ち込み頒布されていった。

板踏絵に使用されているプラケットや国内に現存しているプラケットは、優良なものはイタリア製で、その他のものはスペイン製とされる。両者の違いは、イタリア製は裏打ちされている一方、スペイン製にはそれが見られず簡易なつくりである。日本に流布しているものの多くが、スペイン製の廉価品であり、板踏絵にはスペイン製が使用されている可能性が高い。

板踏絵に嵌められたプラケットと、製作された真鍮踏絵を見比べてみると、その図像は忠実に再現されたとは言い難い。それは、図像の細部がところどころ省略されていたり、曖昧な表現も確認できるからである。さらに、同じ主題の真鍮踏絵でもできに差があり、省略の程度も異なっている。そのため、真鍮踏絵の原型の製作が、同一人物の手でなされたとは考えにくいとの指摘もある。

また、真鍮踏絵には、キリスト教教義の重要な要素が明確に表現されていない。そのため、製作者である鋳物師《いもじ》の萩原祐佐《はぎわらゆうさ》は、キリスト教を理解していなかったとも指摘できる。

主題と図像

現在、東京国立博物館が所蔵する踏絵は、真鍮踏絵が一九枚、板踏絵が一〇枚（二枚は後年追加されたと思われる）である。その図像の内訳は、「エッケ・ホモ」を主題とする真鍮踏絵が五枚、板踏絵が四枚となっている。「ピエタ」は真鍮踏絵が四枚、板踏絵が一枚、「ロザリオの聖母」は真鍮踏絵が五枚、板踏絵が三枚である。また、「十字架上のキリスト」は真鍮踏絵が五枚、「無原罪懐胎の聖母」は板踏絵のみが二枚である。

そこで、ここでは各踏絵の主題について、真鍮踏絵と板踏絵を比較しながら紹介していきたい。

エッケ・ホモ

キリストの受難伝のなかの一場面であり、『ヨハネ福音書』（一九章四〜六節）の記述にある「エッケ、ホモ（この人を見よ）」というセリフに由来する。ユダヤに派遣されていたローマ人の総督ピラトが、ユダヤ王を名乗った罪でキリストを捕えたのち、キリストに罪があるかどうかを問うため、ユダヤの群衆に向かって発した言葉である。西欧では、十五世紀頃から祭壇画などで表現されるようになり、二つ

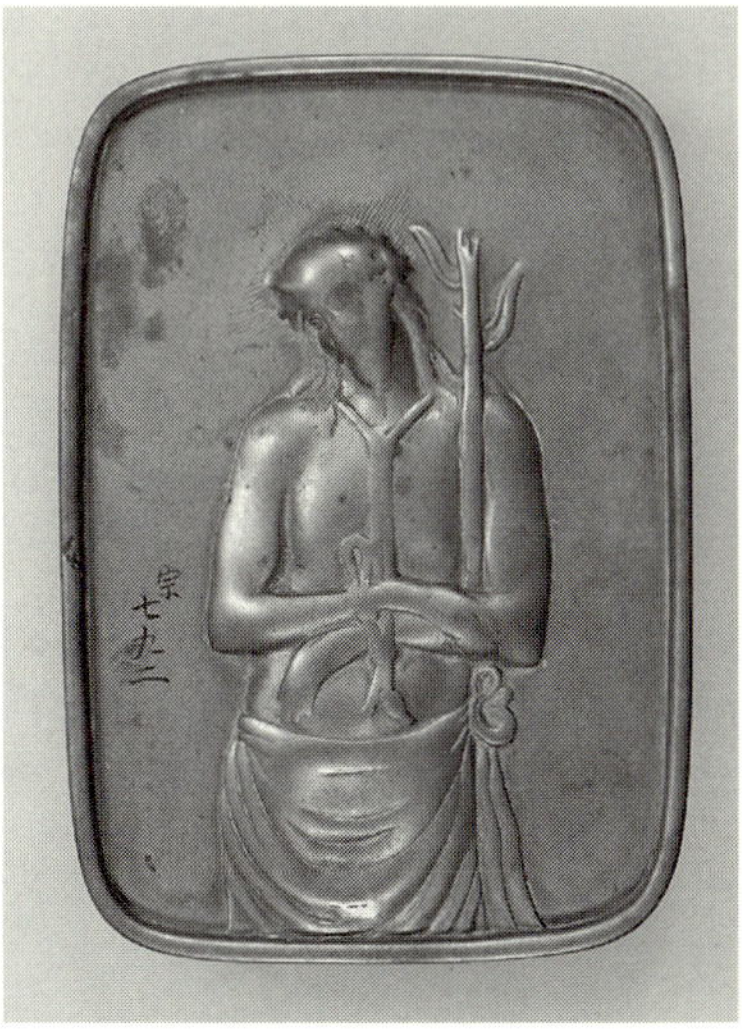
図11　真鍮踏絵「エッケ・ホモ」
（東京国立博物館所蔵，Image: TNM Image Archives）

のタイプの図像が生み出された。一つは物語の一場面として、もう一つはキリストのみに焦点が絞られて描かれた礼拝像である。

そこで踏絵の表象を見てみると、後者に相当する。キリストは、腰から少し下の部分までの半身像で表されている。両手は、首から巻かれた縄で前方に縛られ、右手には王の笏《しゃく》に見立てた葦の棒を持たされている。そして頭を少し傾け、憂いの表情を浮かべている。その頭上には荊《いばら》の冠が載せられ、光輪によってキリストの聖性が表現されている。

真鍮踏絵のなかでも、「エッケ・ホモ」を主題とした五枚には、相違が見られる。特に、キリストが右手に葦の棒を持つべき様子が、真鍮踏絵のなかには左腕に挟むような形になっているものがある。これは、本主題が、『マタイ福音書』（二七章二九節）にある「茨で冠を編んで頭に載せ、また、右手に葦の棒を持たせて、その前にひざまずき、『ユダヤ人の王、万歳』と言って侮辱した」という記述に由来していることと食い違っている。これが、板踏絵のプラケットの図像と真鍮踏絵との大きな相違点でもあり、この点からも萩原祐佐が教義を理解していなかったことがうかがえる。

この図像は、真鍮踏絵だけに現存しており、板踏絵には確認できない。そのため、鋳物師が何を参考に製作したのかは明らかではなく、プラケット以外の信仰物を模倣した可能性が高い。

十字架上のキリスト

本主題は、キリストの受難伝の一場面であり、磔刑《たっけい》にされたキリストが、エルサレムと思われる都市を背景に描かれている。『旧約聖書』の『創世記』（三章）で語られる人類の原罪を、キリストが磔《はりつけ》に処されることで贖《あがな》うことが表されている。キリスト教の主題のなかで最も重要な伝統的なものである。

踏絵の本主題には、背景には都市エルサレム、前景に磔の舞台であるゴルゴダの丘が、遠近法で巧みに表現されている。キリストの周囲には、嘆き悲しむ聖母マリアや福音書家ヨハネ、その他のキリストの弟子たちが描かれることが多かった。しかし、十六世紀に始

図12　真鍮踏絵「十字架上のキリスト」（東京国立博物館所蔵，Image: TNM Image Archives）

まる対抗宗教改革期には、十字架上に孤独なキリスト像のみを描くことで、信仰心を助長するような表現がなされた。

真鍮踏絵の図像を見ると、背景にある都市の風景と、十字架が立てられている前景とのあいだが不自然に処理されている。それは、十字架が倒れないように、そのふもとに短い木が支えとして差し込まれて固定される地点から、背景にある都市とのあいだに帯状のものが挿入されている点である。

また、コルゴダの丘が高い場所にあることを表現するために、都市を低地に配したり、丘から都市への道を描くこともあるが、ここでは都市と十字架の位置関係は不明である。原図に表されていたゴルゴダの丘への道程や聖母マリアなどの登場人物を省略し、踏絵に必要な上部のみを残してつくられた可能性が高い。

ピエタ

ピエタとは、「哀悼」を意味するイタリア語である。磔刑のキリストを十字架から降ろし、聖母がその遺骸を抱き嘆き悲しむ場面である。西欧では十三世紀頃から、降下したキリストの遺骸を囲み、聖母マリアや、キリストの弟子たちが悲嘆した様子が描かれ始め、「キリスト哀悼」としてキリストの受難伝の一つの主題とな

図13　真鍮踏絵「ピエタ」(東京国立博物館所蔵, Image: TNM Image Archives)

った。これが次第に、嘆き悲しむ聖母マリアだけに焦点が絞られるようになり、これに礼拝的な要素を強めて「ピエタ」と呼ぶようになった。

真鍮踏絵ではその中央に、聖母マリアが、力なく崩れおちるキリストの体を両手で抱きかかえ、天を仰ぐ様子が表されている。聖母の背後には十字架がそびえ、さらにその背後にはエルサレムと思われる街並みが広がる。聖母マリアとキリストの下には、キリストの頭上から落ちた茨の冠が表されている。

これは、他の主題の真鍮踏絵と比べて、参考となったと思われる板踏絵のプラケットと大きさが類似しており、図像を模倣するのは比較的容易であったと思われる。線の深さなどにばらつきはあるが、精巧な図像であり、プラケットと真鍮踏絵とのあいだで大きな相違はない。

以上の図像は、聖書の記述に由来する、キリストの受難伝の伝統的な主題である。

ロザリオの聖母

この主題は、十五世紀に始まるロザリオ信仰の普及に伴い、流行したものである。ロザリオ信仰とは、ロザリオという数珠《じゅず》を繰りながら、祈りを唱えるものである。この信仰には、ドミニコ会の創始者聖ドミニクスが、聖母マリアからロザリオを手渡されたという伝承があり、本図像の構図もこれに基づいている。ロザリオの祈禱の手引書に収められた挿絵には、同主題が表されている。

真鍮踏絵は、キリストを抱いた聖母マリアが、右側にいる聖ドミニクスにロザリオを手渡している図像である。十六世紀の対抗宗教改革期には、ローマカトリック教会に反抗するプロテスタントに対抗する主題として宣伝された。のちにはドミニコ会の代表的な聖人である聖女シエナのカタリナが伴われるが、踏絵の構図はその典型的なものである。

また、プラケットの周囲には、ロザリオが表されている。真鍮踏絵の五つのうち、一つだけに同様のやり方でロザリオがめぐらされている。仙台市博物館には、イタリア製の可能性が高い同主題のプラケットが所蔵されていることから、早期に日本に伝わっていた図

図14　真鍮踏絵「ロザリオの聖母」（東京国立博物館所蔵，Image: TNM Image Archives）

像と思われる。

無原罪懐胎の聖母

「無原罪懐胎の聖母」と前述した「ロザリオの聖母」は、聖母マリアに関連するもので、日本にキリスト教が布教される前後に登場した新しい図像である。この主題が、日本に流入した背景には、対抗宗教改革の影響で聖母マリアへの信仰が高まっていたことと、聖母マリアの図像が言葉の通じない異国人への布教に役立つという認識が宣教師たちにあったためと推測される。

本主題は、聖母マリアが原罪なくして母アンナに宿ったという考えに基づくものである。アダムとイヴから受け継いだ罪がマリアには存在しないという「無原罪」の考えは、十二世紀から十三世紀には神学論争の的となった。特に、十三世紀に成立した二つの代表的な托鉢修道会であるドミニコ会とフランシスコ会は、その論争において対立していた。

十六世紀頃から本主題が祭壇画などに描かれるようになり、とりわけスペインで流行した。日本と同時期にキリスト教が伝えられたフィリピンでは、スペインの宣教師たちを中心に布教が行なわれていたため、「無原罪懐胎の聖母」信仰が篤く、その像が数多く製作された。また、生産された数がもっとも多いプラケットの一つとして、西欧各地、さらに日本でも確認される。

板踏絵には、聖母マリアは両手を合わせた立ち姿に、頭上には星が描かれる。聖書の

「太陽を着て、足の下に月を踏み、その頭に十二の星の冠を被っていた」（『ヨハネ黙示録』一二章一節）に基づいているものとされる。

そして、マリアを囲む帯状のものは、フランシスコ修道会の象徴である腰帯の縄を表しているという指摘がある。各地に所蔵されている同型のプラケットは、十六世紀から十七世紀のスペイン製とされており、板踏絵のプラケットもその一つと推測される。

図15　板踏絵「無原罪懐胎の聖母」（東京国立博物館所蔵, Image: TNM Image Archives）

長崎奉行はどのように踏絵を管理し、実施したのか

最初は紙踏絵

絵踏《えふみ》が始まったのは、寛永三年（一六二六）や同五年、同六年とする説がある。史料によって異なるが、寛永五年の水野河内守守信《みずのかわちのかみもりのぶ》のときに始まったのが有力である。また、同六年に竹中釆女正重義《たけなかうねめのかみしげよし》が、キリシタン禁制を強化するに伴い、紙製から板製の踏絵《ふみえ》が使われるようになったと考えられる。

当初、踏絵として使われていたのは紙製だった。紙に「切支丹《キリシタン》ノ仏像《ぶつぞう》」（『長崎実録大成』『翁草《おきなぐさ》』）を描いて踏ませたとある。また、『長崎記』には真鍮《しんちゅう》踏絵、すなわち銅と亜鉛との合金で、後に製作される真鍮踏絵を紙に描いた、ともある。さらに、『長崎港草《ながさきみなとぐさ》』には、キリスト教を棄教した転宗者に、キリシタンが尊信している絵像を踏ませたとある。このように、紙踏絵には、前述の史料から、次の三種があったことがわかる。

①キリシタンが信仰していた絵
②キリシタンが信仰する仏像を模して描いたもの（二次的踏絵）
③真鍮踏絵の形を含めて模したもの

このうち、③は板踏絵との関連性から誤植の可能性が高く、①と②が併用されていたものと思われる。鎖国体制の確立により、キリシタンの信心具の押収が減少する状況により、自製の踏絵を作成せざるを得なかった。絵踏のために、①を補うものとして、②を作製したと解される。

多くの人に踏ませるようになると、当然、踏絵の数が不足する。当初は、かつてキリシタンだった転宗者に対して絵踏をしていたが、全領民を対象にすると、踏絵の耐久性の問題が生じた。つまり、紙製の踏絵を幾度も踏ませると破れてしまうため、継続して実施していくには、強度のある踏絵が必要となった。そこであらたに造られたのが、板製の踏絵（板踏絵）である。

板踏絵から真鍮踏絵へ

板踏絵は、竹中重義が長崎奉行在勤中につくられたもので、木板にキリシタンの仏像を嵌め込んだものである。これを「絵板《えいた》」といい、紙踏絵に替わるものとして使用されることになった。板踏絵に使用された仏像とは、キリシタンたちが信仰していた銅牌《どうはい》（銅製メダイ）であり、長崎奉行所に没収されたものが踏絵に転用されている。

板踏絵について、寛政四年（一七九二）に熊野正紹《くまのせいしょう》が記した長崎の地誌である『長崎港草』には、「掛物」（プラケット）や「鋳物ノ銅像」を板に嵌め込んだものを、多くの人に踏ませていたとある。キリシタンたちの信心具を、板で補強して使うことは、聖画などを模写した二次的踏絵より、絵踏の質的効果は高い。板踏絵の製作により耐久性は高まったが、それでも数年使用すると木板が破損したり、銅牌が割れたりすることがあった。破損による踏絵の枚数が不足したことを受けて、さらに強度の強い踏絵の製作に着手する。

そこで、寛文九年（一六六九）に、長崎の本古川町に居住する鋳物師《いもじ》の萩原祐佐《はぎわらゆうさ》に命じて、唐銅《からかね》の「絵像」二〇枚を鋳造した。萩原祐佐は、奉行所から参考となるキリシタンの聖像画を渡され、「十字架上のキリスト」「エッケ・ホモ」「ピエタ」「ロザリオの聖母」の主題からなる真鍮踏絵を作製した。『長崎記』には、伴天連《バテレン》たちの尊信する像を鋳崩《いくず》してつくったとあるが、詳細は不明である。

行政道具としての二〇枚の真鍮踏絵

寛文九年（一六六九）に製作された真鍮踏絵は、絵踏するためだけの行政道具であった。真鍮踏絵が絵踏で使用されるようになると、これまでとは一線を画するものとなったのである。

絵踏の導入当初は、信心具を踏ませることによる内面的（心情的）な穿鑿《せんさく》に重点が置かれていた。信仰物ではない真鍮踏絵の使用は、無機質かつ表層的にキリシタンではないことを証明する行政手続となり、性格的変容が生じたのであった。一方、踏絵の変質は、キリシタンにとっては好都合でもあった。真鍮踏絵による絵踏は、キリシタンの心的負担が減少することにつながったと指摘することができよう。

踏絵の管理

踏絵は、長崎奉行所立山《たてやま》役所にある宗門蔵《しゅうもんくら》で管理されていた。前述したように、踏絵の素材は木製から真鍮製に替わったが、板踏絵も廃棄されずに残されていた。寛文十一年（一六七一）頃成立の『長崎諸事覚書』には、板踏絵八枚、真鍮踏絵二〇枚が保管されていることが記されている。また、踏絵は他のキリシタンの聖具とともに「宗門道具」と名付けられた二つの長持《ながもち》に入れられていたようである。キリシタンから没収した聖像や道具などが長崎奉行所に集められたため、踏絵もその一つとして管理されていたのである。

『長崎諸事覚書』によると、板踏絵と真鍮踏絵、さらに切支丹《キリシタン》油絵一枚が同じ長持に入れられていたが、これを管理していたのは年行司《ねんぎょうじ》だった。年行司は地役人《じやくにん》の一つで、奉行所詰で役料も支給されている。東西奉行所に四人の年行司が配置されており、踏絵の実務的管理を負っていた。

板踏絵は以前からあり、真鍮踏絵は寛文九年に申し付けられたものと記録されている。

これに板踏絵は八枚とあるが、現存する板踏絵は一〇枚である。二枚が増えていることになるが、それは、踏絵ではなく、参考品（類似品）として新たに製作されたものと推察される。

絵踏で、真鍮踏絵が諸藩や長崎市中で使われるようになると、板踏絵は、主たる役目を終えた。八枚は、板踏絵が主力で使われていたときのもので、二枚は、絵踏のためというよりも別の目的でつくられたと思われる。

また、切支丹油絵は寛文九年に描かせたと記されている。これは、キリシタンの信仰物とは異なるキリシタン穿鑿用であろう。年行司は、鉄炮鉛玉や手かね、京枡《きょうます》とともに宗門道具を預かっていた。

そして、市中で絵踏を行なうときの貸出は、長崎奉行の家老が行なっている。正月二日に町年寄から踏絵貸与の願い書が提出されると、宗門蔵から踏絵が出されるが、ここに、長崎奉行が関与することはなかった。

踏絵を含むキリシタンに関連する物は、毎年、夏には虫干しするなど丁寧に扱われている。また、貸出などで移動がなされるときは、箱に入れて運ばれ、破損や摩耗《まもう》などがないように、貸与される側にも相応の取り扱いを求めていた。

町方での絵踏

長崎での絵踏は町方《まちかた》から始まり、郷方《ごうかた》へ移行する。正月二日に町年寄《まちどしより》に踏絵が貸与されると、翌日に自宅で絵踏が行なわれる。町年寄であっても絵踏は免除されなかったが、それは町年寄のなかには、かつてキリシタンだった者がいたためであろう。四日から指定された町割に従って、各町・各戸巡回して実施される。正月九日（九日は銅座跡と唐人屋敷《とうじんやしき》で、町方の終了は八日となる）まで行なわれ、長崎の武士身分や地役人、寺社方、遊女に至るまで、洩れなく実施された。

絵踏には、町乙名《おとな》と組頭《くみがしら》、筆者、日行使《にちぎょうじ》、下日行使（小役）、借家惣代《かりやそうだい》（下役《したやく》）などの町役人が付き添い、各家を巡回する。人数の多い町であれば一枚、少ない町であれば二町で一枚の踏絵が貸し出されている。午前中に絵踏することを朝絵《あさえ》、午後からであれば夕絵《ゆうえ》といったようである。また、絵踏の順序は、同じ宗旨ごとに巡回し、仏壇の確認も行なった。店借している者に関しては、主人方に集まって、絵踏が行なわれたのである。

もし、町乙名が病気になり、絵踏を行なうことができないときは、組合乙名（近隣町で構成された組織）が代替役を務めた。決して、組頭や日行使だけに任せることがないようにと厳命されており、乙名の重要な職責と位置付けられていたのである。

すべての町人に絵踏は科された一方で、特段の取り計らいが願い出されることがあった。長崎会所の役人は帯刀身分であるため、絵踏のときに、所属する町とは別にしてもらいたいと申し出ている。これを受け取った長崎奉行所は、長崎会所の責任者である会所調役と町年寄を通じて、これまで長崎では町乙名により連綿と人別改と絵踏が行なわれており、会所役人の人別改と絵踏を別にすることは、従来からの規則を崩すことになるとして、願書を差し戻して却下した。長崎では、人別改と絵踏は、町乙名の責任下で執行されてきた実績に基づき、以降も、その慣例を遵守する旨が伝えられたのであった。

郷方の絵踏

町方で絵踏が終わると、長崎代官所の郷方へ移行する。『長崎歳時記』によれば、正月十三日に長崎三ヵ村から行なわれている。長崎三ヵ村とは、長崎村・浦上村山里と浦上村淵で、特に浦上村には、潜伏キリシタンが多くいたことで知られる。各村でおおむね二日間かけて絵踏をしたようで、正月十七日には終了していた。また、免除されることもなく、全ての人に実施された。

これが終わると、長崎代官の預かり地（長崎七ヵ村）で行なわれる。二月六日頃から日見村で始まり、古賀村・茂木村・川原村・樺島村・野母村・高浜村と場所を移した。茂木村では二日間を要したが、それ以外の地では一日で終了している。この七ヵ村のうち、網場・田上・飯香の浦・宮摺という地域は、代官所の支配地であるため、代官所手代が足軽を引き連れて巡回している。

長崎代官管轄地では、各家を巡回して絵踏を行なうのではなく、庄屋宅などで実施されている。住民に特定場所への出頭を命じ、踏絵を踏ませていた。長崎七ヵ村の場合は、各郷の「カマド持ち」という、郷のなかのカマド組の長が、踏絵場所に人びとを引率し、代官手代や下役などの眼前で絵踏させている。茂木村の田上という地域は、遠隔地だったため、代官所から役人が派遣された。病人がいて出頭できないときは、その家に役人たちが巡回した。

絵踏はカマド持ちから行ない、そして引率してきた組の者が続く。莚《むしろ》の上に置かれた踏絵が見通せるように代官所役人が座敷に着座し、下役は土間《どま》で監視する。履物を脱ぎ右足で踏み、幼児は母親か下役が抱きかかえて踏ませた。

宗門人別改帳の提出

絵踏と同時になされたのが、宗門人別改帳の作成である。町方の絵踏のときに、乙名が組頭や筆者、日行使などを連れて各家を廻っているが、それは各人に役割があったためである。宗門人別改帳をもとに、主人から下女に至るまでの名前を読み上げる任にあったのが筆者である。その家の絵踏が終わると、日行使が宗門人別改帳に押印をし、その証明とした。

現存する長崎の宗門人別改帳には、「桶屋町宗旨改踏絵帳」（長崎歴史文化博物館蔵）がある。寺檀《じだん》関係を確認するのにあわせて絵踏が行なわれていたことから、こうした公文書名が付けられたのである。これは、正月二十九日までに奉行所へ提出することになっており、日行使が宗門の寺院を廻って寺板判を取り、帳面を清書したものが作成された。

完成した宗門人別改帳は、各町の乙名と組頭が長崎奉行所に持参した。代官の高木作右衛門、長崎聖堂（儒学学問所）の向井家、町年寄は、それぞれの家や役職ごとに作成していた。たとえば、のちに町年寄となる常行司薬師寺宇右衛門と小柳太兵衛（寛文八年〈一六六八〉から常行司）は、寛文十一年正月付で「差上申一紙書物之事」を奉行所に提出している。このなかで、男女一七人に残らず踏絵を踏ませ、誓詞と寺請《てらうけ》証文を作成し準備しているとあり、常行司二人で一紙の文書、そして宗門改帳が作成されている。

地役人である船番や町使、遠見番、唐人番は、町とは別に帳面を作成して町年寄に差出し、町年寄から奉行所に提出された。また、御役所詰役人は彼らだけで一冊を作成し、宗門役の給人に差し出している。船頭は、代官の高木作右衛門を通じて、奉行所へ提出した。宗門人別改踏絵帳は、絵踏をした集団単位で作成され、町年寄や代官を経由して奉行所に提出されたのである。

一方、かつてキリシタンで、いまは棄教した者（転《ころ》び者）は、宗門人別改帳とは別帳にされている。これは、町方と郷方ともに同じであり、文言や体裁も決まっていた。現存する史料として八幡町のものがあり、「八幡町邪宗門転宗旨改帳」というものが確認できる。転宗者は類族として認識されており、平人とは一線を画した管理をされていたのである。

絵踏の例外

長崎の絵踏は、乙名が組頭や日行使を引き連れて、戸別に同じ宗旨の順に巡回した。その例外として、病気などで他町へ行っている者があれば、その居所まで乙名が向かって絵踏を行ない、これを見届けることになった。また、年越の旅行から帰った者や、欠落《かけおち》していながら長崎に立ち帰り、住居が許された者は、一同集めて一年に三回から四回くらい年番町年寄宅で絵踏を行なった。

また、唐人屋敷の火の元番として出向しており、年越してしまった者は、正月九日に年番町年寄から月役乙名（惣町乙名の筆頭）が踏絵を受け取り、その人物が所属する町の乙名もいっしょに唐人屋敷乙名部屋へ向かい、絵踏をさせ、これを見届けている。こうして、一人も漏れることなく、そして、免除される例外もなく、絵踏は実施されることになった。

絵踏に関わる処罰

絵踏は長崎町人や村人にとって義務だった。もし、踏まないものがいた場合、役人にも罪が及ぶことになるため、行方不明の者がいると、奉行所まで届け出なくてはならなかった。絵踏に関する処罰について、長崎奉行所判例集「犯科帳」のなかには、いくつか事例が収められている。

延享四年（一七四七）、淵村の伝次郎と龍松は、人別改のときにいなかったとして庄屋が奉行所に訴え出た。二日後に二人があらわれたところを取り押さえられ、淵村で身柄が拘束された。奉行所は、人別改のときに不在にしていたことは「不埒《ふらち》」として、二十日間の「所預《ところあずけ》」（牢屋でなく自治で身柄を拘束すること）が申し渡されている。

一方、絵踏での不在は許されないと広く認識されていて、このときだけ呼び戻すということも起こっている。明和六年（一七六九）、今魚町の清左衛門の娘くには、家出して博多で遊女奉公していた。清左衛門はすぐに呼び戻すつもりで届け出もしていなかったが、絵踏の日が近づいてきたので十二月に呼び戻した。そして、絵踏が済んだら、再び博多へ行かせ、しばらくして欠落届を提出した。これらのことは「不埒」として「急度叱《きつとしかり》」（厳重注意）が申し渡されている。

ある意味、絵踏の徹底が認識されていたため、清左衛門はこのような措置を取ったのである。人別改と同時に行なわれていたため、いかなることがあっても絵踏をしないということは免れ得なかったのである。

絵踏の賑わい

絵踏のときは、皆、正装で役人たちを迎え入れた。巡回する役人も、裃《かみしも》や紋付き羽織《はおり》を着用していた。各家では、町役人たちへ煙草盆や菓子を出して、もてなしている。なかには盃や吸い物を出す家もあったほどで、華美な接待もあった。

他方、小家では、内庭で踏むこともあるため、茶菓子が出されなかったり、家々でその饗応《きょうおう》はまちまちだった。期限内に各家を首尾よく巡回しなくてはならないために、慌ただしく行なわれるのが一般的だったようである。

これに正月風情も相まって、賑やかな雰囲気のなかで絵踏は厳粛に行なわれた。当然、踏絵役人や絵踏をする者は凛としていたことは言うまでもないが、周囲の賑わいを抑えることはできなかった。

郷方では、絵踏する場所が決まっていたことから、その周辺に市が出ていた。辺りは、お祭りの様相を呈しており、絵踏を終えた人たちは、ここを通り抜けて帰宅することから、商売として成立していたのであろう。絵踏が一種の興行化していた実態が看取される。

町方でも、特に遊女が絵踏をする日は別格だったようである。この日は遊女たちも着飾って絵踏をしていたことから、市中の貴賤を問わず、さらに、面をかぶって変装して見物に訪れる者もいたほどだった。厳粛性を求める町役人たちがこれを止めさせようとしたため、両者のあいだでは、しばしば口論にも発展していた。無用な見物客を規制したこともあり、長崎住民の見物客は減少したようだが、旅客たちが見物に訪れていたようである。

このように絵踏は、本来は厳粛なかで実施されるべきだったが、松囃子《まつはやし》が響く正月行事の雰囲気が漂うなかで行なわれた。『長崎歳時記』に収められているように、長崎では年中行事として受け止められていたのである。

絵踏の中止

長崎で絵踏が行なわれていることは、多くの外国人が知るところであった。ケンペルは『日本史』のなかで、真鍮踏絵を踏む様子を詳細に記述し、シーボルトも『日本』のなかで「jefumi」として、その光景を紹介している（詳細は後述）。外国人には、絵踏は蛮行であると認識されており、これは幕府側も承知していた。この蛮行を継続することが、幕府の対外的な意思表示だった。

長崎での絵踏は、安政五年（一八五八）の日米修好通商条約の締結によって、法的に実施ができなくなった。これは、第八条の条文で、

日本長崎役所において踏絵の仕来りハ既に廃せり

とある。長崎役所管内では、すでに踏絵の慣習は廃止していると明記されたのである。実際に、長崎では前年の十二月に、翌年の踏絵を中止する触《ふれ》を出しており、絵踏が実施されることはなかった。

日米修好通商条約は、六月十九日に江戸で締結されている。そのため、条文のなかの文言の「既に」を盛り込むことが可能となったのである。幕府としては、自発的に廃止しているという、既成事実の承認を日米間で交わし、外国側への心象にも配慮した文言となっている。

また、長崎奉行所の管轄において廃止したのであり、これ以外の地域での絵踏は可能だ

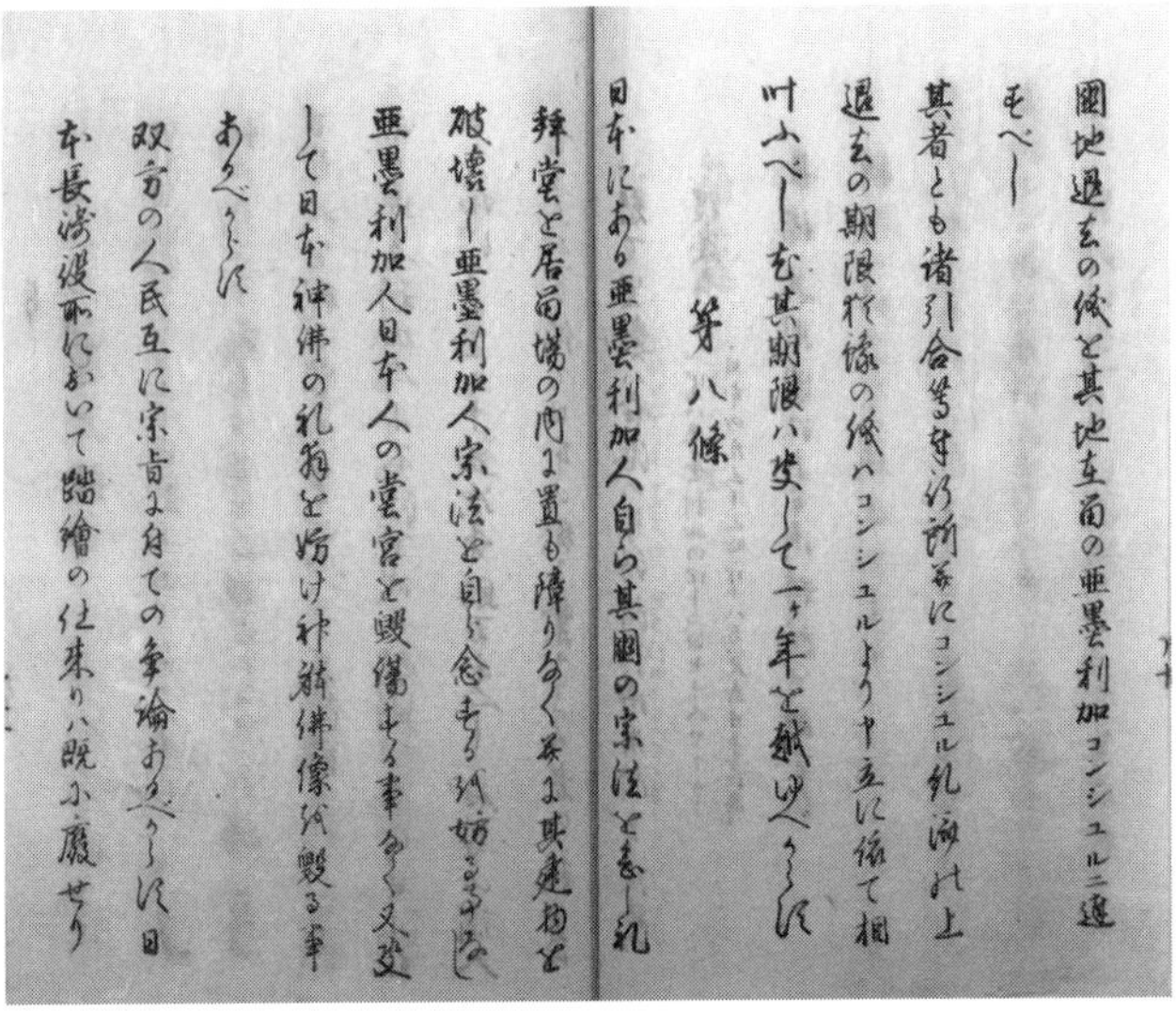
國地退去の儀と其地在留の亜墨利加コンシユル江達
もへし
其者とも諸引合等も其所にコンシユル糺済れ上
退去の期限猶豫の儀ハコンシユルより申立に依て相
叶ふへし尤其期限ハ決して一ヶ年を越ゆへからす
第八條
日本にある亜墨利加人自ら其國の宗法を念し礼
拝堂を居留場の内に置も障りなく並に其建物を
破壊し亜墨利加人宗法を自ら念する妨をなさす
亜墨利加人日本人の堂宮を毀傷する事なく又決
して日本神佛の礼拝を妨け神体佛像を毀る事
あるへからす
双方の人民互に宗旨に付ての争論あるへからす日
本長崎役所において踏絵の仕来りハ既に廃せり

図16　日米修好通商条約写

った。禁教を掲げている以上、絵踏を堅持したい幕府は、居留地にいる外国人の目につかないように、長崎に限定して絵踏を実施しないとする、政治的駆け引きが行なわれていたのである。なお、絵踏廃止の条文は、アメリカ以外に、ロシアとフランスとの修好通商条約にも明記されている。

オランダ商館からの提言

絵踏の廃止に至るまでには、オランダ商館からもたびたび提言されている。オランダ商館長ドンケル・クルティウスは、絵踏が欧米諸国に悪い心象を与えていること、さらに外交上、無益な紛争をもたらすことになるため、日本にとって弊害であること、などを長崎奉行に指摘していた。しかし、絵踏の中止を長崎奉行の独断で決めることはできないことから、幕府との調整が必要だった。

長崎奉行の水野《みずの》筑後守忠篤《ちくごのかみただあつ》や荒尾石見守成允《あらおいわみのかみしげまさ》も、長崎で行なわれている絵踏は年中行事化しており、幕府が考えている禁教の意義は希薄となっている実態を幕府に伝えている。そのうえで、外国側から異議がある前に、自発的に廃止をした方がよいのではないかと具申し、結果的にこれが認められた。

荒尾成允は、安政四年（一八五七）十二月二十九日に、長崎代官高木作右衛門と町年寄《まちどしより》らを長崎奉行所に招集する。実施が間近に迫っているなか、来年の絵踏の中止を通達したのである。これは、絵踏に関与していた町役人にも連絡されたが、絵踏に代わる他の手段を別途伝えるとも申し付されている。こうして修好通商条約締結前に、長崎での絵踏は実質的に廃止されることになり、これを契機に他の地域にも波及することになったのである。

踏絵を所持した藩

小倉藩・熊本藩

禁教・宗門改を特別視しなかった小倉藩

小倉藩とは

天正十五年（一五八七）に九州を平定した豊臣秀吉は、側近の毛利勝信《もうりかつのぶ》に豊前国企救《きく》郡と田川郡（六万石）を与え、小倉城に居城させた。関ヶ原の戦いでの敗戦によって勝信は改易、代わりに細川忠興《ほそかわただおき》が豊前一国と豊後国の国東・速水両郡三〇万石を領有して中津城に入り、小倉城には弟の興元《おきもと》を配した。

寛永九年（一六三二）に細川家は肥後国へ転封《てんぽう》となると、小倉城に譜代大名の小笠原忠真《おがさわらただざね》が播磨国明石から入国し、一五万石を領有した。その他の旧細川領も、小笠原一族が抑え、小倉藩の体制は固まっていった。

踏絵の入手

長崎奉行所から踏絵《ふみえ》を借用していなかった小倉藩は、独自の踏絵を所持していた。少なくとも二枚あったようで、その入手にあたり、次の三つの説がある。

一つは、内山円治が明治期に記した歴史書『小倉藩政時状記』によれば、島原天草一揆《しまばらあまくさいっき》に出陣した際に、一揆側の惣奉行《そうぶぎょう》であった森宗意軒《もりそういけん》が所持していた「奇利支丹《キリシタン》の像」を戦利品として持ち帰ったとする。天草四郎《あまくさしろう》の側近でもあった森が安置していた「奇利支丹の像」には、一揆に関係のない老若男女まで集まって祈禱していたようで、まさに信仰物そのものだった。これが、原城《はらじょう》攻めにあたり小倉藩士によって強奪され、そのまま持ち帰られて、のちに踏絵に転用されるようになったとする説である。

もう一つは、小倉藩士小島礼重《こじまよししげ》が、天保年間（一八三〇～四四）に記した地誌である『鵜之真似《うのまね》』や『倉府見聞集《そうふけんぶんしゅう》』にあり、円応寺（北九州市小倉北区）に住む日置太左衛門の住宅裏の藪中から掘り出されたものとする説である。誰が掘り出したか、なぜここにあったのかなどは不詳という。

小倉藩は、藩主細川忠興やその妻ガラシャ玉（明智光秀《あけちみつひで》の娘）の影響もあって、熱心なキリシタンが多い土地柄である。忠興の家臣にはキリシタンの加賀山隼人（洗礼名ディエゴ）もいたりと、キリスト教が容認されていた環境があった。今日でも黒崎城《くろさきじょう》跡（北九州市）でメダイが発掘されているように、古くからキリシタン遺物が出土しており、これが踏絵として利用されたといえよう。

三つめが、延享三年（一七四六）の『巡見上使御尋之節申上様之次第《じゅんけんじょうしおたずねのせつもうしあげるさまのしだい》』に記されている説である。巡見使から「切支丹像」のことを尋ねられた小倉藩士は、初代の小笠原忠真が長崎奉行の牛込忠左衛門勝登《うしごめちゅうざえもんかつなり》に求めて入手したと返答している。長崎奉行から渡された経緯については、年月がずいぶん経ったために不詳としている。

しかし、この小倉藩士の返答は誤認である。小笠原忠真は寛文七年（一六六七）に死去しているが、牛込勝登は寛文十一年に長崎奉行に就任している。年月に齟齬が認められ、ここでの返答は誤情報である。ただし、この説は、長崎奉行から踏絵を下付されたという点で、公的に認められて、独自の絵踏を行なっているという、小倉藩にとって正当性を示すものであった。つまり、公儀のお墨つきの道具で実施している根拠としようとしたのである。

このように、小倉藩が踏絵を入手した経緯は、藩当局も把握しきれていなかったようである。元来、キリシタンと縁があった小倉藩ゆえに、情報が錯綜《さくそう》していたものと思われる。『鶫之真似』や『巡見上使御尋之節申上様之次第』にも、詳細不明とあるように、入手実態ははっきりしていなかったのである。

踏絵の呼称

小倉藩では、踏絵のことをどのように呼んでいたのだろうか。前述した『巡見上使御尋之節申上様之次第』には「切支丹像」とあるように、直接的な「踏絵」という呼び方をしていない。また、『鵜之真似』には、「切支丹の絵像」とあり、『長井手永大庄屋日記』《ながいてながおおじょうや》（豊前国仲津郡、現在の京都郡の大庄屋の日記）には単に「絵像」とも出てくる。また、「外道仏《げどうぼとけ》」とも称していたようで、小倉藩では「踏絵」という呼称を一般的には使っていなかった。

これは、踏んだものが、キリシタンたちが信仰する〝像〟と意識していたためだろう。長崎では一貫して〝絵〟だったが、それとは異なる考え方があった。

そのため、絵踏の行為を、「像踏《ぞうふみ》」と呼んでいる。それは、『小森承之助日記《こもりしょうのすけ》』（幕末期の企救郡小森手永《こもりてなが》〈現在の小倉南区〉の大庄屋の日記）などといった、民衆側の記録から数多く確認できる。これは、前述した既成概念のもと、小倉藩は踏ませたものを〝絵〟ではなく〝像〟と認識していたためである。

いつから始まったか

小倉藩での像踏の起源を確定しうる史料はないが、その手掛かりとなるものに、前述した巡見使の質問に対する藩側の返答がある。巡見使が宗門改《しゅうもんあらため》について、その実態を尋ねるなかで、「切支丹像」についても質問を重ねている。

これに対して藩側は、「長崎奉行の牛込忠左衛門が在勤の時に世話してもらった」と答えている。牛込忠左衛門は、寛文十一年（一六七一）から天和元年（一六八一）まで長崎奉行を務めており、この時期に小倉藩では像踏が制度的に開始されたものと思われる。しかし、後述する熊本藩のように、これ以前から像踏は行なわれていたであろう。他藩と同じように、全領民ではなく、かつてキリシタンだった者たちに実施していたのではないだろうか。

像踏の実施日

寛文期以降、幕府による宗門改の制度化に伴い、小倉藩の像踏は行政システムに組み込まれていくことになる。実施にあたっては地域社会の実状が考慮されており、通常、毎年三月上旬から開始されていた。

まず、像踏は、藩士と城下町から開始され、これが終わると、手永（複数の村を集めた行政区画に会所《かいしょ》を設け責任者として惣庄屋を置いたもの）単位で郡村部へ移行する。小倉町では浄土真宗の西蓮寺で実施されたが、それはここで絵像が管理されていたためである。その後、寺社奉行に絵像は移管されるが、西蓮寺で引き続き行なわれている。また、小倉藩家中《かちゅう》の宗門改は、享保六年（一七二一）に、会所で行なわれるようになっている。

村方では農閑期に像踏が行なわれている。その実施にあたっても、前月から像踏日を知らせる触《ふれ》が出され、これを受けて、手永では準備が整えられる。その際、宗門改役を案内する者をはじめ、食事、宿泊の手配がなされた。

具体的な事例をあげると、寛政九年（一七九七）には、宗旨奉行《しゅうしぶぎょう》ほか一四人の役人が廻郡している。また、豊前国企救郡富野手永大里《だいり》（北九州市門司区）では、文政二年（一八一九）・同四年には三月四日に像踏が行なわれている。このときは午前一〇時頃から始まり、午後に至り一六時には終了している。

天保三年（一八三二）には、当初、三月八日に実施予定だったが、撫物《なでもの》（身の穢れを除くための道具）が通ることを理由に、十八日に延期されている。その日は午前一一時から像踏が開始され、終了したのは通常どおりの一六時だった。

なお、文政十三年には、宗門改の開始が遅かったため、灯火《ともしび》をつけて像踏したとある。珍しいことではあったようだが、日が落ちても続けられており、宗旨奉行の立会いのもと、厳正に行なわれていた。

巡回役人と像踏の対象

城下町での像踏が終わると、宗旨奉行を筆頭に、下役《したやく》や中目付《なかめつけ》、郡目付《こおりめつけ》、下目付などを伴って各手永を巡回する。その人数は二〇名弱で、賄《まかな》い代や止宿代など経費は村が負っていた。あわせて宗旨奉行の案内役も村側が手配しており、遅滞なく行なわれるように万全な状態で迎えられた。像踏は、村にとって負担が大きく、経費節減などを求める声が多かった。

城下町同様に、手永でも寺院で像踏が行なわれている。大里では西生寺で実施されているが、この際、役人たちの席次も決まっていた。屏風がたてられた上ノ間《かみのま》に宗旨奉行と郡奉行、中目付、次ノ間に郡目付と宗旨方《しゅうしかた》下役、下目付、宗旨方手代、郡奉行物書、手代、大庄屋が列した。像踏が始まると、下目付は踏場小屋へ行き、大庄屋は自身の手永の者が踏むときに、脇にある小屋へ行き腰掛けて見ているが、えたが踏むときは立って見分している。えた身分のときに、より厳正に対処していたところに、被差別民層とキリシタンとの関連を警戒していた役人の対応が看取される。

宗門改は、すべての領民が対象だったが、そのなかでも像踏を行なうのは、一五歳から六〇歳までの男子であり、女性には像踏の義務はなかった。これは、戸主および嫡男を主たる対象者とし、彼らに像踏を行なうことによって、その他の家族にもキリシタンはいないという判断基準になっていたものと思われる。小倉藩の像踏は、家父長制を反映させたものとなっていたのである。

像踏の順番と手順

庄屋から対象者が呼び出されると、莚《むしろ》の上の絵像に、両足を揃えて立ち、像踏を確認された。踏み終わると元の場所に引き返していたが、順番を待つ列が続くなかで、かえって混雑を招いた。そのため、「像踏が済んだら引き返さず、絵像をそのまま通り過ぎるように」と指示されている。

像踏の順番は、役職や身分によっていた。郡方役人の場合は、大庄屋から始まり、子供役（補佐役）、新旧の大庄屋見習・子供役・百人夫頭（助郷《すけごう》役の頭取）、徳人（富裕者）、新旧の帯刀《たいとう》という順番だった。これを、上踏（大庄屋・子供役）、下踏（庄屋・組頭・百姓）と呼んでいた。こうして手永の役職上位者から順に踏んでいき、百姓、えたたちへの像踏が行なわれたのである。

また、天気によって踏む場所も異なっており、文政十一年（一八二八）には企救郡手永から、煩雑さを理由に場所の変更と統一が求められている。大里では、雨天時の像踏を西生寺の裏庭で行なっていたが、以降、郡方役人は、晴雨にかかわらず板縁《いたえん》で実施したいと申し出ている。のちにこれが認められることになり、上踏の者だけに適用された。そして、文久元年（一八六一）には、帯刀が認められている者は、西生寺の縁側で像踏を行なうことが申し渡された。

像踏が確認されたあとに宗門帳との照合が行なわれ、檀那寺《だんなでら》の住職が確認のうえ捺印した。これが一般的ではあったものの、知識階層である博士や宗教者の盲僧は、事前に証文に印をついたうえで像踏を行なっていた。それは、企救郡で像踏する人数が多かったためだが、嘉永六年（一八五三）にこれを改めるようにと指示される。これまで小倉藩で統一感のなかった像踏の手順が、幕末期にかけて手直しされるようになったのである。

藩は、公的に像踏を免除する規定を策定していた。本来は、すべての領民に像踏を課すことが禁教遵守の理想だったが、小倉藩では、一五〜六〇歳男子を対象としているように、当初から行政的手続としての意味合いが強かった。幕府が考えていたほど、禁教や宗門改を小倉藩は特別視していなかったといえる。

年貢を早く納めると像踏免除

藩は、年貢徴収を迅速かつ効率良く行なうために像踏を利用している。年貢を早期に納めた百姓には「抜踏《ぬけふみ》」といって、像踏を免除した。実際に、抜踏となった者も確認でき、年貢徴収にあたって像踏免除は、一定の効果があった。他方、幕府が掲げた禁教政策、ひいては藩側に求めていた本来の像踏の意義は、薄くなっていたのである。

病気などによる像踏免除

また、郡方役人たちは、病気や都合で像踏に行くことができないときは、あらかじめ届け出ていれば免除されている。実際に、文久三年（一八六三）、大庄屋中村平左衛門は、「老衰」を理由に像踏を辞退している。役人でなくても、入牢《じゆろう》中や長患《ながわずら》い、長期の旅行のときは証文を提出していれば、像踏は免除となった。また、歩行困難な村民の場合も、その旨を宗門人別帳《しゆうもんにんべつちよう》に記載し、別帳にて像踏を済ませたことを報告すればよかった。

なお、像踏をしない期間は、三年が限度とされた。また、像踏していない者は、いつ像踏をして宗門人別帳に押印したのかを記載し、後年にもわかるように記録されている。

形骸化する像踏

小倉藩では、像踏にあわせて褒美の授受が行なわれており、他の行政手続といっしょに行なわれている。それは、像踏が各村から一堂に集まる機会のためで、終了後に目録や金品が渡された。村内での農業励行や倹約、風紀の乱れがないことが褒賞されている。当然、年によっては、褒美のないときもあった。

小倉藩の像踏は、前述したように、徹底されたとはいえない。領民のなかでは、像踏が本来持っていた禁教の要素が形骸化しており、藩側が定めた免除規定がこれをいっそう後押しした。像踏の行為自体が、経年によって軽んじられるようになっていったのである。

像踏をしない者が特段多い場合には、藩当局から一人でも多く行なうようにと厳命された。像踏する人数は、天候にも左右されることもあったようで、天保九年（一八三八）三月十四日から大里で行なわれた際は、早朝から雨天だったことから人の集まりが悪く、像踏は一三時から開始、一七時で終えている。

酔っ払いの像踏を禁止する

安政三年（一八五六）には、「像踏の者は早朝より出頭するように」と事前に伝えられている。幕末期になると、開始時刻さえも守られないこともあった。

さらに、「像踏の前に飲酒をして酔っ払ってはいけない」であるとか、「付近で買い物などをしないように」とも通告されている。換言すれば、像踏のときに泥酔している者がいたり、実施する寺院の近辺には出店があったため、像踏の人たちが買い求めていたのであろう。ある種、像踏がイベント化している実態にあわせて、領民たちが像踏を惰性で行なっていたとさえ受け取れる。

像踏の廃止

小倉藩の像踏は、慶応二年（一八六六）を最後に見られなくなっていった。同三年、四年にも実施の可能性はあるが、大庄屋日記にはその記載はない。次に宗門改が実施された記事があるのは、明治元年（一八六八）十二月である。ここには、宗門改にあたって廻郡していたが、「仏像」がないために像踏を行なえず、寺帳へ調印させて代替としている。像踏は、絵像紛失により行なわれなくなったのである。

踏絵の〝質〟にこだわった熊本藩

熊本藩とは

熊本藩は、天草と球磨《くま》郡を除いた一三郡と豊後国の一部を含む。九州平定を果たした豊臣秀吉は、ここに佐々成政《さっさなりまさ》をおいた。国衆一揆により処分された成政に代わって、肥後北部八郡を加藤清正《かとうきよまさ》、南部五郡を小西行長《こにしゆきなが》に治めさせる。関ヶ原の戦いで、東軍の清正は、西軍の行長を制圧、戦後に天草を除く小西旧領や、益城《ましき》・宇《う》土《と》・八代《やつしろ》の三郡、豊後国の一部も加増され、五四万石となった。

寛永九年（一六三二）に加藤忠広は、子光広の謀反の嫌疑により改易されると、同年十月に小倉から細川忠利《ほそかわただとし》が転封《てんぽう》を命じられる。父忠興《ただおき》は八代城に入り、隠居領として八代・益城・芦北のうち三万七〇〇〇石を内分支配した、なお、忠興の妻であり、忠利の生母の玉（ガラシャ）はキリシタンであることはよく知られている。入国後、郡部は小倉藩時代の手永《てなが》制を採り、さらに五ヶ町（熊本・八代・高瀬・川尻・高橋）、准町（宇土・佐敷・鶴崎）・在町の制度がしかれた。

踏絵の入手

細川忠興は、小倉藩主時代、慶長十八年（一六一三）の禁教令を受けて、領民からメダイや十字架、コンタツ（ロザリオ）などを没収し、キリシタン取り締まりを断行していた。息子の忠利も積極的に領民を改宗させている。

細川忠利は、熊本移封後、西国諸藩に先駆けて絵踏《えふみ》を実施する。寛永十二年（一六三五）九月七日付で、長崎奉行の榊原職直《さかきばらもとなお》・仙石久隆《せんごくひさたか》に宛てた忠利書状からは、忠利の絵踏に対する心情を読み解くことができる。

そこには、かつて榊原職直から「御影《みえい》」（キリシタン聖具）をもらい受けて踏ませていたが、これは散々に踏み破った状態となってしまった。そのため、「あらためて絵がよく見える二〜三枚を都合つけてくれるように」と申し入れている。領民たちにそれを踏ませたいとして、新しい「御影」を所望しているのである。熊本藩では、踏み破れるほど厳しい絵踏を行ない、そして信心具を踏ませることにこだわっていたことがわかる。熊本藩には聖具が残されていないため、これを管理する長崎奉行に打診しているのである。

この書状は、長崎奉行所で真鍮踏絵《しんちゆうふみえ》が作成される以前に差し出されている。そして、各地でキリシタンたちへの取り締まりが本格化している時期にあたる。熊本藩は、信心具を踏ませることによる禁教政策の効果を認めていたために、状態が良く、絵が見えるものを、長崎奉行に求めたのである。

長崎奉行は、寛永鎖国令を通じてキリシタン取り締まりの権限を確立し、聖具や信心具などを没収していた。鎖国令以前から九州域では、その権限を有していたことを、忠利とのやりとりからうかがい知ることができる。

このときに、長崎奉行から何枚の信心具が送られたのかは確かではない。その後、熊本藩には八枚の踏絵が保管されており、そのうち真鍮製と思われる二枚は、踏みすぎて絵が見えなくなっていた。もう二枚は紙製のため古くて破れている状態のため、実際に使われていたのは四枚だった。

踏絵の呼称

熊本藩では、先に述べたとおり、長崎から「御影」を求め、信心具を踏ませる行為を重んじた。それは、長崎奉行所が製作した真鍮踏絵とは、一線を画していたことは言うまでもないだろう。熊本藩政史料の『官職制度考』にも「神体を踏ましむるなり」とあり、「神体」（御影）にこだわっている。

そのため、熊本藩では「踏絵」という呼称は、小倉藩と同様に原則として使用していなかった。先に触れた寛永十二年（一六三五）の細川忠利書状にも「御影」とあるように、「影」の文字を当てている。それをうけて、踏絵のことを「影板《えいいた》《かげいた》」と称している。これは、

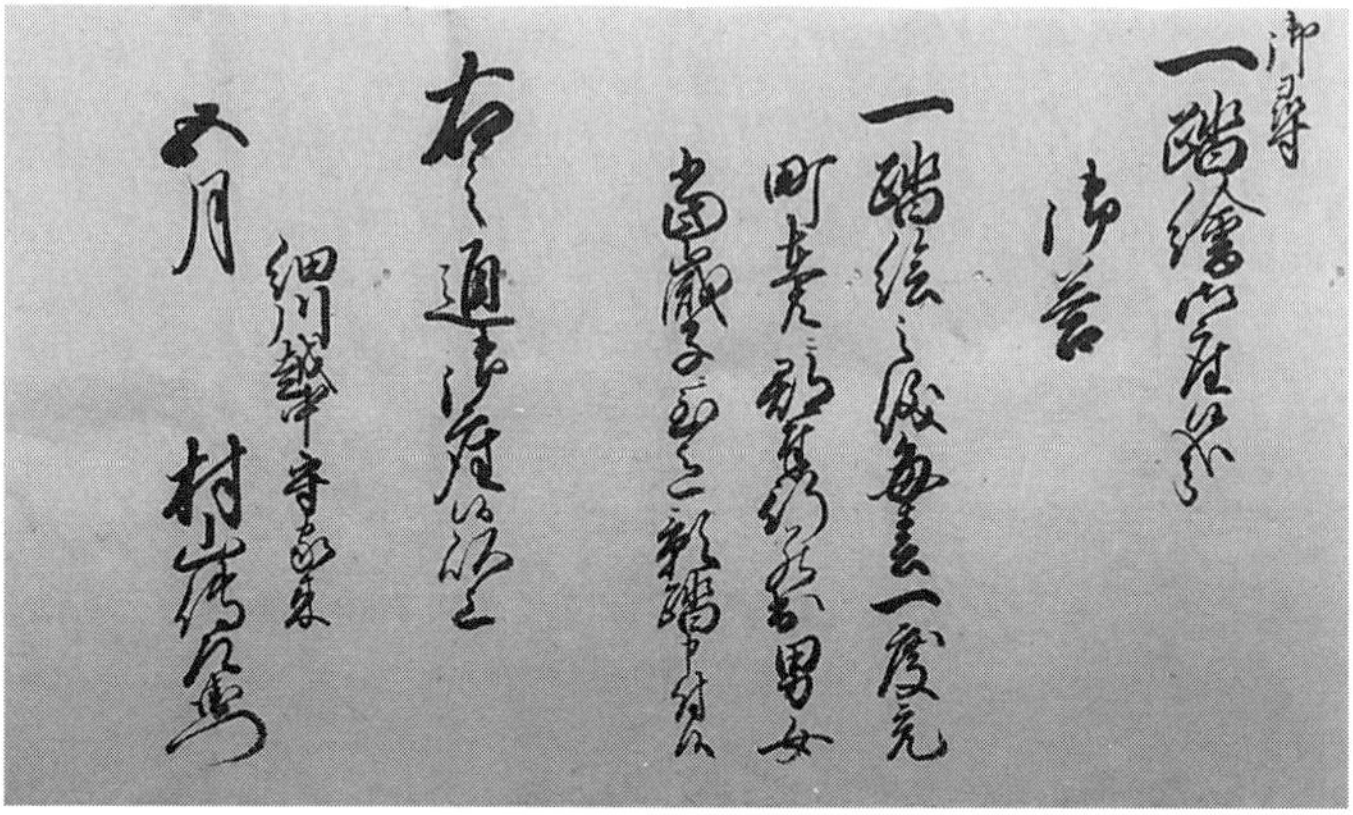

図17　「村山傳左衛門覚書」

熊本藩士中山昌礼《まさのり》が郡方《こおりかた》の法令などを編纂した『井田衍義《せいでんえんぎ》』（熊本大学附属図書館寄託永青文庫蔵。以降、「永青文庫蔵」とする）をはじめ、熊本藩政史料で散見される。

熊本藩では「絵踏」のことを「影踏《えいふみ かげふみ》」といい、一般的にこの言葉が使われた。ただし、幕府からの問い合わせには、絵を踏む行為として「踏絵」の言葉を用いることもあったようで、寛延三年（一七五〇）から宝暦四年（一七五四）まで奉行を務めた村山傳左衛門「覚書」（個人蔵）には、「影踏」と混同して「踏絵」の言葉が使用されている。

これは影踏のあとに作成される「宗門人別《しゅうもんにんべつ》改帳《あらためちょう》」にも反映されている。熊本藩の宗門人別改帳の表紙には、「切支丹《キリシタン》影踏名寄帳《なよせちょう》」と記されている。いわば公的文書にも、「影踏」の言葉は使われていたのである。

いつから始まったか

前述した細川忠利書状にあったように、熊本藩では寛永十二年（一六三五）には、すでに影踏は行なわれていた。さらに、『寛永年中ゟ《より》明暦年中迄　切支丹 幷《ならびに》 異国船記録』（永青文庫蔵）には、寛永十一年の影踏の実態を確認できる。

ここには、キリシタンがいたならば「いやかり《嫌》候等の事を書物にかかせ」、さらに不審なところがあったならば、「ミゑい《御影》と申て天道の絵ニ書たるをふませ」とある。キリシタンが嫌がることを書物に書き留め、キリスト教の神（「天道」）が描れた絵を踏ませるというのである。この影踏は、キリシタン容疑のある者などに随時行なわれ、毎年、実施されるような制度化したものではなかった。また、榊原職直から「御影」をかってもらって影踏したと前に述べたが、榊原職直は寛永十一年に長崎奉行に就任しているため、これを開始時期とできよう。

これが藩の行政手続として定式化したのは、寛文年間（一六六一〜七三）である。『官職制度考』によれば、「キリシタンという愚民を統御する手段として、寛文四年（一六六四）から始まった」とある。また、上益城《かみましき》郡早川で厳島《いつくしま》神社の神主の渡辺玄察《わたなべげんさつ》の手記『拾集物語』も同年から開始されたとする。ここには、「郡奉行弓削太郎右衛門と郡代牧八郎右衛門のときに、浅井喜兵衛に庭で踏ませた」と記してある。また、熊本藩の日報である『御花畑御奉行間日帳』（永青文庫蔵）によれば、寛文十二年正月から行なわれるようになったとある。

史料的性格を考えれば、後者の寛文十二年説が有力だが、前者の寛文四年が別本を底本としていることを考えれば、否定することは難しい。熊本藩は、寛永十一年から不定期に影踏を実施していた。そして、万治三年（一六六〇）に豊後崩《くず》れを処理した際に、長崎奉行の指示を受けて、影踏を行ない、転《ころ》びの確認を行なっている（永青文庫蔵『沢村宇右衛門書翰』）。豊後崩れを受けて幕府の禁教政策は確立されていくが、熊本藩での影踏もこれを受けて寛文期には制度化に至ったのである。

影踏の規則

影踏は、藩の宗教施策の柱として断行され、それは日常生活にも影響を与えていた。寛文十二年（一六七二）三月に作成された『御国中邪宗門御改被仰付覚』（永青文庫蔵）には、宗門改を行なうときの手続きがある。

町人であれば、転居にあたっても、必ず南蛮誓詞を行ない、檀那寺《だんなでら》の僧侶からの裏書《うらがき》と判形《はんぎょう》を必要とした。そして、百姓の場合には他所へ行った者や、下人を召し置くときも同様とされた。

僧侶の場合は、どこの末寺《まつじ》かはっきりしていれば、住持職が宗門書物を作成し、これを寺社奉行に提出しなければならなかった。社家の場合には、神道に従事していることが明らかとなれば、同じく寺社奉行への宗門書物の提出が必要だった。なお、僧侶と社家とは一線を画した宗教者である山伏《やまぶし》や薦僧《こむそう》、鐘《かね》たたきは、寺社方で宗門改《しゅうもんあらため》をすることになっていた。

そのほか、乞食（物貰）は乞食頭にその管理を求め、えたであれば、「その村の庄屋が改めるように」とある。熊本藩の乞食は長六橋《ちょうろくはし》（熊本市中央区）に集住していた。実際に、元禄十一年（一六九八）正月の影踏では、二七一人（うち女性は一〇八人）が影踏している。このときには、物貰を統括していた教悦《きょうえつ》が関与し、以降、各地に散在している物貰《ものもらい》への影踏を担当するようになった。それは、遠方にいる非人に対しても同様であり、宝暦期（一七五一～六四）には教悦のところまで呼び出して影踏を実施している。

しかし、影踏をする者を城下長六橋まで連れてくるまでの、人的かつ経費負担も大きかった。そして、非人のなかでも、特に老人や子供には負担が大きいということを理由に、居住地域での実施を願い、結果としてこれが認められる。こうして各手永の責任のもとで、物貰に影踏が行なわれるようになった。

影踏の実施

影踏は行政主導で実施される公的なものだった。藩側は、多くの領民を一堂に参集させる機会を重要視して、風紀粛正を兼ねて影踏を行なうようになった。『官職制度考』によれば、貞享元年（一六八四）から、影踏のときに、町人と百姓に高札《こうさつ》の内容を読み聞かせている。原則として、影踏はすべての町方《まちかた》・村方《むらかた》に居住する者が対象となっていることから、他のことと兼ねて行なわれるようになったのである。

熊本領内の影踏の状況については、『井田衍義』（永青文庫蔵）に詳しい。このなかには、開始時期はもとより、影板の枚数、実施する町や村などが順追って記されている。影踏を実施するにあたっては、事前に日程が決められており、延享元年（一七四四）には、次のように計画されていた。

熊本では正月四日から飽田《あきた》郡と託摩《たくま》郡に影板を一枚ずつ渡して開始している。このうちの一枚は、十日までに熊本の町方に返却されることになっていた。そして、飽田・託摩両郡では引き続き一枚で続けられる。

熊本藩では三枚の影板を使って、飛び地を含めて全域で影踏を行ない、領内を三ブロック（北部・東部〜西部・南部）に分けて実施していたのである。また、飛び地などの遠方から熊本中心部に向かって、影踏が展開されている。影踏にあたっては、首尾よく影板の受理が行なわれれば、四月下旬には終わった。

影踏の対象者

影踏の対象は、町方と在《ざい》（村）方《かた》に居住する士分以外の者だった。武士たちは、キリシタンではない旨を記した起請文《きしょうもん》を差し出すことによって、影踏を免除されている。いわば、武士特権として影踏免除が公認されていた。天明三年（一七八三）の類族改所から出された「長岡監物宛書状《ながおかけんもつあてしょじょう》」（個人蔵）によれば、男女ともに八歳以上の者に、檀那寺住職から裏書・判形を取った南蛮誓詞書物を提出している。

在方での影踏の実態は、上益城矢部手永下馬尾村の例から知ることができる。影踏のときは、庄屋と横目《よこめ》（目付《めつけ》の指揮下で領内を監察する職）の立ち合いのもと、百姓はもとより、寺社や牢人、名子《なご》、無高百姓、盲目、乞食、非人に至るまで、老若男女を問わず実施している。これは、他の手永でも同様だったようで、村民たちは、事前に通達された時刻に手永会所に集まり、村単位で影踏が行なわれた。会所の庭前に影板が置かれ、これを順番に踏んだことから「庭踏《にわふみ》」とも呼ばれている。

対象者が他所へ奉公に出ていたときも、呼び出して影踏をすることになっており、もし、これが難しいときは、付札《つけふだ》をした書付《かきつけ》を役所に提出しなければならなかった。そのうえで、戻り次第、惣庄屋の宿元で影踏をさせていた。これは病人にも適用され、実際に庭踏していた数は、多くはなかったようである。

たとえば天保十四年（一八四三）の玉名《たまな》郡荒尾手永では、一万三九〇〇人に対して、七六五六人が長洲町で庭踏をし、六九九四人が病人として届けられている。文久四年（一八六四）の玉名郡内田手永では、一万五七一七人に対して、一万二四〇人が庭踏、残りの五四七六人が家番・病人とされた。

さらに、元治二年（一八六五）の南郷菅尾手永木原谷組では、男女三四〇人に対して庭踏したのは六九人にすぎず、割合として二〇・三％にとどまっている。庭踏できない者に対して、「庭踏江歩行難成病人相改御帳」が作成され、庄屋から郡代へ提出されている。

病人の影踏

病人と判断された者は、各村の役宅で影踏をすることになる。元治二年（一八六五）「三月十日庄屋中御用談頭書」によると、三月十五日から十七日まで木倉手永（上益城）で影踏を行なう予定となっていた。「影踏した者には、誓詞血判をさせること」とし、「病人がいた場合は、例年のとおり、最寄りの役宅で踏ませるように」と伝えられている。会所まで出頭できない、つまり庭踏できない病人に対して、一定の配慮をしていたのである。

表向きは、すべての領民に科していた影踏だったが、このように実態は異なっていた。会所に赴き、庭踏することが影踏の原則だったものの、病人踏といった例外が次第に見られるようになっていく。庭踏よりも病人踏が多いときもあり、影踏の意義は希薄になっていったのである。

影踏の免除

熊本藩は、他藩よりも率先して影踏を行ない、熊本領内にはキリシタンがいないという実態社会を作り上げていった。鶴崎などの飛び地を含めて、年始から影踏を実施しており、原則として、すべての領民にこれを科していた。影踏の対象者には、僧侶などの宗教者も含まれるなど徹底しており、これが制度化されている。

その一方で、影踏の免除規定があったことは看過できない。正徳四年（一七一四）の『御奉行所日帳』（永青文庫蔵）によれば、新細工町に居住することになった西川九平次が、影踏の免除を奉行所へ願い出ている。また、紺屋町三丁目に居住することになった野間徳右衛門が、同じく影踏免除を奉行所に願い出ている。これらの免除申請は、武士が影踏を免除されていたことによるが、二人の事例からもわかるように、影踏免除には、奉行所への申請が必要だった。

また、藩にとって功労があった者も影踏免除の対象になっている。いわば、藩内における特権の一つとして、影踏免除を位置付けていたのである。影踏を免除されることは、武士同等という栄誉にもなっていた。

献金で免除された影踏

慶応二年（一八六六）六月「覚《おぼえ》」によると、この頃、熊本藩は多額の出費があり、有志たちに金銭の調達が仰せ渡されていた。これを受けて、細工町二丁目に居住する庄八は、「一五両の寸志を納めたい」と申し出た。庄八自身はなにも望むことはなく、ただ藩に報いたいという気持ちから差し上げたいと申し出たのであった。これにより、藩は庄八一家全員の影踏御免を申し渡している。

また、文化四年（一八〇七）十一月からの影踏の免除者を記した『影踏御免』（永青文庫蔵）を見れば、その大部分は「寸志」であったことがわかる。一定額の献金を行なうことによって、影踏が免除になっていたわけだが、これによって、武士格に取り立てられることもあり、自動的に影踏免除にもなった。

功労による免除

それ以外の場合として、勤労出精があげられる。たとえば文政元年（一八一八）には貞吉が肝煎役《きもいりやく》、同九年に忠兵衛が物書役《ものかきやく》になったことを受けて、家内ともども免除となっている。また、寸志の範疇にもなろうが、蔚山町布屋寿助は、湯銭のない者たちに入湯させてあげたとして、影踏御免となった。

このように、藩への貢献や人道的行為に対しても、影踏免除が申し渡されている。これは、功労が認められたためであり、右の庄八は家族はもとより、職人仲間までも免除の対象となっている。影踏が免除される範囲は、その内容により総合的に判断されており、厳格、厳正な影踏の実施をしていた熊本藩でも、次第に行政手続としての性格を強めていったのである。

影踏の形骸化と廃止

影踏の免除規定は、禁教政策の緩みを招くことになった。影踏の形骸化は、それを制度的に担ってきた地域から見られるようになっていく。ルーチン化した影踏は、地域にとって大きな負担となっていたのである。

また、安政五年（一八五八）に幕府がアメリカ・オランダ・ロシア・イギリス・フランスとのあいだに結んだ修好通商条約、いわゆる安政五カ国条約が締結される。これに伴い、元治二年（一八六五）に献堂された長崎の大浦天主堂では、キリスト教信仰の表明〝信徒告白〟が起こった。現場で指揮した長崎奉行は危機感をあらわにし、熊本藩にもこの情報は知れわたっていた。

慶応四年（一八六八）には、手永惣庄屋が郡代に提出した意見書には、「影踏をやめたいことを承知はしているが、近年、キリシタンが増えていることもあって、むやみに影踏をやめてしまったならば、勘違いしてキリシタンになってしまうことも想定される。そのため、影踏（本踏・病人踏）を、御家人と廻村してすべての人たち行ないたい。そうすれば、人数改（戸籍調査）も維持できるうえ、支障も生じないであろう」とあり、これが受け入れられている。

また、影踏帳については、「毎年、会所で作成するものの、八歳の子供の誓詞や書物は、各村から会所で取り揃えているので、今後はとりやめたい。そして、寺社と御家人の宗門差出もあわせてやめたい」と願い出ているが、これは認められなかった。村側が行政手続の簡素化を願い出たものであるが、影踏の廃止に伴う弊害がこの頃から検討されている。

このように、村側から宗門改の変更などが求められていたなかで、熊本藩での影踏はいつ廃止に至ったのか。先に挙げた『影踏御免』を見れば、明治三年（一八七〇）に三月二十八日、四月二十六日、十月二十二日に影踏御免となっている事例を確認できる。これらは翌年の影踏御免を想定したものであるため、明治四年までは実施される予定だったといえよう。熊本藩の影踏は、明治の藩政改革、そして身分制解体のなかで、廃止されていったのである。

踏絵を借りた肥前国の藩

平戸藩・福江（五島）藩・島原藩・大村藩

踏絵の貸与をめぐるロビー活動をした平戸藩

平戸藩とは

平戸を治めた松浦家《まつらけ》は、中世松浦党の一勢力だったが、松浦隆信《たかのぶ》（道可）は海外交易を通じて戦国大名に成長した。豊臣秀吉の九州平定によって、松浦鎮信《しげのぶ》（法印）は平戸の領有が認められ、以降、松浦家は、一度も転封《てんぽう》はなかった。

江戸時代になると、平戸藩は、六万三〇〇〇石の所領（壱岐《いき》や小値賀島《おぢかじま》を含む）を安堵された。五代藩主の松浦棟《たかし》は、元禄二年（一六八九）に新田一万石を弟昌《まさし》に与え、これが平戸新田藩となる。棟は、元禄四年に外様大名でありながら、寺社奉行に就任する。安永四年（一七七五）に九代藩主になった清（静山《せいざん》）は、蘭癖大名として知られ、多くの知見を残している。

絵踏の開始

平戸藩が絵踏《えふみ》を開始した当時は、自前の踏絵《ふみえ》で行なっていた。その明確な起源は不詳だが、寛文八年（一六六八）に編纂された『山本甚左衛門覚書《やまもとじんざえもんおぼえがき》』（松浦史料博物館蔵）によれば、平戸藩主松浦隆信（宗陽）の時代（一五九二～一六三七）から領民に絵踏をしていたとある。

他方、寛政元年（一七八九）の『類族改定格』（松浦史料博物館蔵）によれば、慶長二年（一五九七）に宗門改《しゅうもんあらため》を開始しているとある。しかし、松浦鎮信が南蛮船を誘致していた時期に、積極的に絵踏が行なわれていたとは考えにくく、『山本甚左衛門覚書』との整合性からも、寛永四年（一六二七）の禁令を受けて、それ以降に、絵踏が領内で導入されたものと推測される。

自前の踏絵はどのように手に入れたのか

『山本甚左衛門覚書』（松浦史料博物館蔵）によれば、踏絵の入手のきっかけは、松浦隆信が慶長十九年（一六一四）に徳川家康から長崎のキリスト教会を破却するように命ぜられたことにある。

このときに、伴天連《バテレン》を召し捕らえて火あぶりに処し、押収した道具をすべて焼却し、その灰は海に沈めるといった徹底ぶりだった。こうしたなかで、平戸藩は長崎奉行所に切支丹仏《キリシタンぼとけ》を所望し、幕府に対しても切支丹絵を写させてくれるように要望し、これが許された。領内における宗門改の強化のために、踏絵を入手、その製作を画策していたものと推察される。

隆信の死去に伴い、寛永十四年、松浦鎮信（天祥）が領主となる。このときから絵踏は本格化したようで、隆信時代に右の経緯で入手した絵を用いた。この絵を山本甚左衛門は「写絵板《うつしえいた》」と呼んでおり、その数は四枚だった。しかし素材が木製だったため、耐久性に優れず、長年、領民に踏ませてきたこともあって、ことのほか古くなってしまった。

踏絵借用の〝ロビー活動〟

当初、平戸藩は信心具とは異なる「写絵板」で絵踏を行なっていた。これも摩耗《まもう》してきたことから、このまま使い続けることが困難と判断されたのであろう。ここで平戸藩が取った対応は、長崎奉行所から真鍮《しんちゅう》踏絵を借用することだった。

これにあたって松浦鎮信は、長崎奉行河野《こうの》権右衛門《ごんえもん》通定《みちさだ》に貸与を願い出ている。『山本甚左衛門覚書』によると、江戸でも関係者に打診している。寛文八年（一六六八）十二月から借用交渉は本格化しており、これにあたったのは、山本甚左衛門と、平戸藩の宗門改役である三井新左衛門と秋山忠右衛門だった。

長崎奉行と交渉を開始する前年から、彼らは江戸で活動しており、江戸の宗門改役である大目付《おおめつけ》の北条《ほうじょう》安房守氏長《あわのかみうじなが》と作事奉行《さくじぶぎょう》の保田若狭守宗雪《やすだわかさのかみそうせつ》に相談している。宗門改役は寛永十七年（一六四〇）に大目付井上筑後守政重《いのうえちくごのかみまさしげ》が就任したことに始まり、キリシタンや宣教師の詮索、諸藩に対する人別《にんべつ》改《あらため》帳《ちょう》の作成を指示する幕府の役職である。寛文二年以降、大目付と作事奉行の各一名が任にあたった。当時、宗門改役にあった北条安房守氏長と保田若狭守宗雪に、平戸藩は掛け合っており、さらに老中《ろうじゅう》の知るところにもなった。長崎奉行は老中配下の旗本《はたもと》である。つまり、長崎奉行の上長と、禁教政策の中枢の宗門改役へ事前に根回ししていたのである。結果として、踏絵の借用が認められていることから、平戸藩のこうした〝ロビー活動〟は功を奏したといえる。

長崎奉行との駆け引き

踏絵の借用を望んだ平戸藩は、長崎奉行の意向を伺いながら交渉にあたった。踏絵の借用にあたって、平戸藩が所持していた切支丹仏一体と写絵板四枚の処分を、長崎奉行の河野権右衛門通定に相談し、あわせて、町年寄《まちどしより》の高木作右衛門を介しながら、慎重にことを進めていった。

平戸藩は、古くなったこれらのものを、長崎で処分してもらうことを求めており、割ったうえで焼き捨てようと考えていた。しかし、「長崎奉行の御意を尊重するとし、平戸へ持ち帰り焼き捨てる方がよければそうする」と具申している。平戸藩が写絵板の破棄を前提に、踏絵の借用を強く求め、焼き捨てることによって、藩とキリスト教との関連を断つ姿勢を明確にした。

平戸藩が借用に固執しているのは、幕府との関係を意識してのことだった。山本甚左衛門は、「長崎から踏絵を借りて、領分で宗門改を実施したら幕府からの印象も良いと聞いた」と述べている。幕府は、禁教を含め鎖国を国是《こくぜ》（国の基本方針）としているため、踏絵の貸与は禁教徹底の証左となった。他方、藩側は、踏絵借用を通じて幕府への恭順姿勢を示すことにもなった。長崎奉行所を介した踏絵の貸借が、幕藩体制秩序の維持を表した。なお、当初から「写絵板」を使っており、信心具を踏絵としなかったことから真鍮踏絵の借用へとスムーズに移行できたのである。

踏絵の貸与枚数

平戸藩は、渡海することも困難な壱岐や小値賀（五島列島）といった島を抱えていた。そのため、複数枚の踏絵の借用を望み、当初、踏絵四枚を所望した。それが、三枚か四枚に修正され、最終的には「二枚を貸してほしい」と具申している。効率的に絵踏を行ないたい平戸藩だったが、枚数の交渉は難航した。

平戸藩は踏絵二枚の借用を望むと同時に、「もし、今後、踏絵を多く鋳造するのであれば、御用にあわせて貸して欲しい」と付言している。山本甚左衛門が借用交渉にあたっている寛文八年（一六六八）の翌年に、長崎では真鍮踏絵が作製されている。こうした動きを察していたかのような交渉である。長崎奉行所から踏絵を借用することにより予想される藩側の負担を少しでも軽減するために、できるだけ多くの踏絵の借用を望んだのである。

絵踏の実施

平戸藩の絵踏は、年に二度行なわれていた。「郡方《こおりかた》仕置帳《しおきちょう》」（松浦史料博物館蔵）によれば、春季と夏季に宗門奉行（幕府が寛文四年〈一六六四〉に九州諸藩に設置を命令。後述）が巡回して絵踏を見届けている。宗門奉行を迎える村々では、その日程を考慮して、「外出を控えるように」と申し付けられた。人別帳と照合して絵踏をさせ、人数の増減など、その詳細が郡代に届けられた。

借用を願い出ていた当初の絵踏は、春季と秋季だった。『山本甚左衛門覚書』には、「正月から四月中まで、七月から十月までの計八ヵ月間で絵踏を実施する」とある。そのため、当該時期にそれぞれ貸してくれるように頼んでいる。また、「踏絵を三～四枚借用できたならば、二手に分かれて踏ませることができるので、この月数で絵踏して廻ることができる」と付言している。

平戸藩の宗門改は、気象条件によって予定どおりにはいかなかった。「領内には数多くの島々が散在し、これまでの絵踏の経験から、一年のうちに八～九ヵ月の時間がかかる」という実情を伝えている。平戸藩は、絵踏に相当の時間と手間がかかっていることを苦慮し、長崎奉行にも、複数枚の踏絵貸与と長期借用を願い出ているのである。その結果、長崎の町で絵踏が終わったあとに、四枚の踏絵が貸し出されることになった。

絵踏の作法と対象

平戸藩の絵踏について、寛政三年（一七九一）『山本霜木覚書』（個人蔵）には、そのときの様子が記されている。武士であれば、家来はもとより男女を問わず、宗門奉行の立ち会いで絵踏をし、起請文《きしょうもん》を提出した。町方《まちかた》であれば、町奉行も同席し、終わると町乙名《まちおとな》が起請文を作成、さらに寺手形《てらてがた》も提出した。村方《むらかた》では、宗門奉行が各地巡回し、最後に庄屋から起請文と寺手形が差し出された。

また、絵踏するときの作法は、「頭にかぶり物をしてはならず、腰をかがめてお辞儀をするような姿勢でしてはならない」とされた。また、足袋《たび》を履かず、素足《すあし》で踏ませることといった心得が言い渡された。頭にかぶり物をしていては人物が特定できないためであり、お辞儀の行為は踏絵（マリアやキリスト）に敬意を示すことになるためである。平戸藩では素足で踏ませているが、足袋を履かせなかったのも、非礼を尽くさせたためである。絵踏は、キリスト教に対する徹底した侮蔑行為として実施されていたのである。

服装についての規定もあり、絵踏する者は、模様があるものや絹類を禁じられている。これは、「帯や裏地はもとより、袖へりであっても絹類は使ってはならない」という徹底ぶりだった。他方、徒士組《かちぐみ》以上の者や絵踏が免除されている者は、「帯裏や下着に絹類が使われても、華美でなければ問題ない」とされた。絵踏をする者と免除されている者とで、服装も大きく異なっていたのである。

松浦静山が見た踏絵

〃蘭癖大名〃や〃学術大名〃ともいわれる九代藩主松浦静山は、随筆集『甲子夜話《かっしやわ》』のなかで、踏絵のことを記している。藩主であっても自由に踏絵を見ることができなかったようで、ひそかに家臣に命じて持ってこさせている。そこで見たのは、「婦人ノ子ヲ抱ク体」（ピエタ）と「磔罪ノ体」（十字架上のキリスト）、「書ヲ講ジ群聴ノ体」というものである。静山が見たのは、真鍮踏絵であるが、最後の図像は存在しない。〃群聴〃という状況から、「ロザリオの聖母」と思われ、静山は

図18　「絵版之図」（片山尚栄筆，松浦史料博物館所蔵）

誤認していたものと思われる。

静山は、『甲子夜話』には、その図像を掲載しなかった。それは、踏絵は機密性が高かったことから、ここに載せるのを見送ったのであろう。『甲子夜話』には別に記録したとあるが、これは、御用絵師の片山尚栄が筆写した「絵版之図」と思われる。ここには、真鍮踏絵の四枚を着彩して描き、寸法も記されている。また、「ロザリオの聖母」には縁をロザリオで囲んだものが一枚あるが、これも収められている。平戸藩は、厳重に踏絵を管理していた一方、数年にわたって、こうした記録物もつくっていたのである。

借りた踏絵を失くした福江藩

福江藩と富江藩

福江藩は、五島藩ともいい、松浦《まつら》党だった宇久五島氏の所領である。五島列島全域（宇《う》久《く》島・若松島・久賀《ひさか》島・福江島）を治めた。平戸松浦氏との所領が錯綜した地域もあるが、天正十五年（一五八七）に五五ヵ村一万五五三〇石が安堵され、近世五島の所領が確定する。

明暦元年（一六五五）に五島盛次《もりつぎ》の急逝を受けて、幼少の盛勝《もりかつ》が藩主に就く。このとき、後見役に叔父の盛清《もりきよ》がなったが、このときに条件として、幕府は盛清に三〇〇〇石の分地を命じた。こうして寛文元年（一六六一）に富江藩（領）が成立することになった。盛清は富江に陣屋を設置し、福江藩の支藩となった。

踏絵の借用

踏絵《ふみえ》は、歳暮の挨拶で長崎奉行所へ使節を派遣したときに貸与を受けた。たとえば宝暦八年（一七五八）には、十二月二十五日に福江藩は藤原金左衛門を使者として派遣して踏絵を借り受けている。正月から絵踏《えふみ》が実施されるために手配されたのである。

福江藩は、長崎奉行所から踏絵を二枚借用している。それは、五島列島を上・下に分け、二手から絵踏をするためである。前述した平戸藩と同じ理由で、複数の島嶼からなる藩ゆえに、複数枚の踏絵が貸与された。通常、毎年二枚を借りたが、貞享三年（一六八六）には、一枚しか借りられず、例外の年もあった。

踏絵の呼称

なお、福江藩では絵踏のことを「影踏《えいふみ》」とも呼んでいる。宗門改《しゅうもんあらため》に関して記した正保三年（一六四六）「覚書《おぼえがき》」によれば、固有名詞として長崎奉行所から「踏絵」を二枚借用し、領内で「影踏」をしたとある。なお、安政四年（一八五七）に代官の阿野茂平から宗門奉行本庄弥三郎に宛てられた証文には、「踏絵を踏む」とあり、「絵踏」の呼称は通常、使わなかったものと推測される。

影踏の実施

前述したように、五島列島の島々では、正保三年（一六四六）にはすでに長崎奉行所から踏絵を借用して行なわれている。このとき、貸与されたのは板踏絵であろう（真鍮《しんちゅう》踏絵が長崎で製作されたのは寛文九年〈一六六九〉である）。

影踏の実施時期は、正月中旬が多かった。たとえば明暦四年（一六五八）は正月十六日、寛文六年では正月十五日から始められており、上五島と下五島とそれぞれ三人の役人が配されている。また、天保六年（一八三五）には、正月二十五日から開始されており、江戸期を通して正月中に実施するのが慣例だったようである。

影踏の終了時期も、島を回るために、天候によって左右されることが多かった。寛文六年の影踏は、正月十六日に上五島で始まり、二月二十六日には終了し、福江に戻ってきている。また、宝暦八年（一七五八）には、正月二十六日に開始されるが、上五島では三月二日に福江に戻ってきており、下五島では二月十九日に終わり、最後に家臣たちが影踏したのは三月八日だった。

影踏が終わると、切支丹《キリシタン》宗門《しゅうもん》改《あらため》証《しょう》が作成される。これは、貞享三年（一六八六）から、七月から十二月までのあいだに提出するように求められていた。

こうして影踏が終わると、踏絵が長崎奉行所へ返納される。おおむね九月上旬に、長崎勤番《きんばん》（外国船に対する長崎港警備）で出仕するときにあわせて携行された。たとえば嘉永五年（一八五二）には、九月十日に長崎勤番の貝方平之助が、青方田宮を同行して返納している。

影踏の場所と対象

影踏にあたっては、福江藩の宗門改役が踏絵を携行し、上五島班・下五島班に分かれて各地を巡見する。おおむね正月上旬に任命され、その約一週間後に出張した。影踏を行なう場所は各地で異なり、乙名《おとな》宅や庄屋宅、寺社の境内のこともあった。まず、福江城下で実施されるが、ここに近い大津町では、八幡宮の社務所で行なっており、ここだけで一週間も要した。

五島列島での影踏は、すべての領民を対象としていた。武士身分や足軽、町人や百姓の男女、生まれた子供にも宗門改役の前で影踏を行なった。また、病人であっても、敷布団の上で足に踏絵をあてて影踏に代えた。領民に影踏をし終えると、側近たちに行なった。

影踏が終わると、代官から宗門奉行に証文が提出される。ここには「支配民の一人も残らず踏絵を踏んだ」と記されている。しかし、旅行者がいた場合は、戻り次第、宗門役所に出頭させ、影踏させると付言されている。つまり、福江藩では、原則として、影踏の免除は認められていなかった。

しかし、流行病により実施不可能と判断されることがあった。文政五年（一八二二）には領内で疱瘡《ほうそう》（天然痘《てんねんとう》）が流行し、巡回することが困難として影踏は実施されていない。

宗門改にあわせて、町人や百姓などに、公儀の高札《こうさつ》の内容を読み聞かせている。そして、領内の掟書《おきてがき》を読み上げて、「これら内容を理解し厳守するように」と、毎年言い聞かせている。つまり、影踏の機会を利用して、幕府法や藩法を伝えていたのである。

踏絵の紛失

踏絵の貸与で生じる懸案事項は、破損や紛失である。長崎奉行所では寛文九年（一六六九）に二〇枚の真鍮踏絵をつくり、借用を希望する藩にはこれを貸し出していた。厳重な管理を求め、借用した藩は慎重に取り扱っていた。

ところで、江戸幕府が倒れたのち、長崎奉行所のキリシタン関係資料一四〇点は東京に送られ、現在は東京国立博物館が所蔵している。しかし、博物館に現存している真鍮踏絵は一九枚である。一枚はどこへ消えたのか。

実は、この踏絵の紛失は、江戸時代にさかのぼる。天草《あまくさ》の高浜村庄屋を務めた上田宜珍《うえだよしうず》が記した『日記』に、紛失に関する記載が見られる。文化二年（一八〇五）二月二十五日の項によれば、支藩の富江五島家が二月六日に、長崎奉行所から踏絵を借りて帰帆している航路中に、紛失してしまったことがわかる。近隣に見つかったか事情を聴くために、薩摩行きの船に乗って、船奉行久保善左衛門とその息子である久保転がやってきたので、礼作（上田宜珍の次弟伝九郎）が応対している。なお、六日の船には船奉行、足軽三人、水夫が一三人、福江藩足軽三人の合計二〇人が乗船していたと結ばれている。

五島富江藩は、踏絵を紛失したために、船奉行を派遣し、その航路であった天草を訪ねたのである。天草灘で発見されていないかどうかを確認しに来たわけだが、離島への貸与はこういう事態も想定された。紛失してしまった（五島）富江藩は、その借用責任により捜索していることがわかる。しかしながら、踏絵発見には至らなかったようで、今日までその所在は明らかとなっていない。

影踏の年中行事化

福江藩での影踏も、年中行事化していたようである。宗門改が行なわれるときは、三宝（供物台）に米や鰹《かつお》、そして菓子を飾り付けている。この菓子は宗門改が終わると、水引紙《みずひきがみ》で包んで巡見役人たちに配っている。影踏は、正月の延長で行なわれていた感があり、まさに年中行事となっていた。

影踏の廃止

安政五年（一八五八）、日米修好通商条約が締結されたことで、長崎奉行所管内では絵踏が廃止されることになった。福江藩には、安政六年八月七日に、長崎奉行所から踏絵廃止の通達が届いている。しかし、宗門人別帳《しゅうもんにんべっちょう》などは、「従来のとおり作成するように」とされた。福江藩は、安政四年の年末に踏絵を借用しているため、その翌年も通常どおり影踏をしていたのである。

そして、万延元年（一八六〇）六月には、福江領内での影踏は、実質的に廃止となっている。その代わりに、キリシタン宗門ではない旨の届けを出させている。これは、廃止の通達があったときに、宗門帳や人別帳はこれまでどおりとされていたためであり、影踏という宗門改の手段が廃止されたのであって、禁教が解かれたわけではなかった。

文久二年（一八六二）に、宗門改は、宗門奉行が宗旨の出入りがあったかどうかを確認するだけとなった。そしてこのときは、宗門改を宗門役所で行なっていたが、これを寺院と変更している。つまり、影踏は廃止となったものの、旧態依然の寺請《てらうけ》制度を基礎とした宗門の管理がなされたのである。

島原天草一揆の呪縛と島原藩

島原藩とは

元和二年（一六一六）に大和国五条城主松倉重政《しげまさ》が、有馬晴信《ありまはるのぶ》の旧領で、鍋島・大村・松浦家の預かり地となっていた肥前国高来《たかき》郡日之江城主に移封される。そして同四年に島原城が築城されると、ここが居城となる。苛酷な税の取り立て、厳しいキリシタン取り締まりを断行し、寛永八（一六三一）年に重政の跡を継いだ重次（勝家）も、その路線を継いだ。こうしたなかで起こったのが、島原天草一揆《しまばらあまくさいっき》であった。

寛永十五年に一揆が鎮圧されると、譜代大名の高力摂津守忠房《こうりきせっつのかみただふさ》が島原の支配にあたることになる。荒廃した領内を立て直すため、各地から移民を受け入れて復興していった。明暦二年（一六五六）に忠房の子隆長《たかなが》が家督を継ぎ、三万七〇〇〇石の領地を治めた。しかし、行き過ぎた政策により、寛文八年（一六六八）に改易されると、公領となる。

寛文九年に、松平主殿頭忠房《まつだいらとのものかみただふさ》が藩主に就任し、寛延二年（一七四九）まで深溝《ふこうず》松平家は四代続いた。その後、戸田忠盈《ただみつ》・忠寛《ただとお》が安永三年（一七七四）まで治めるが、再び深溝松平家の松平忠恕《ただひろ》が入国して以降、世襲されていった。

絵踏の呼称

島原藩では、絵踏《えふみ》のことを「影踏《えいふみ／かげふみ》」といった。島原藩の業務日誌である『日記』（島原図書館松平文庫蔵）にも、「影踏」という表記が散見される。また、影踏を済ませたあとに作成される宗門人別改帳《しゅうもんにんべつあらためちょう》は、「宗門御改影踏帳」（西南学院大学博物館蔵）として作成されている。

影踏の主たる責任者は宗門奉行であった。貞享三年（一六八六）には、雨森仁兵衛と土橋麻右衛門の二人が「影踏奉行」として影踏を行ない、元禄七年（一六九四）にも、「影踏奉行が絵踏を終わらせて登城した」との記載がある。これは俗称であろうが、島原藩では影踏を特別視していたことがわかる。

なお、島原藩では、原則「影踏」といったが、少ないながらも「絵踏」とも称している。元禄十二年『日記』正月の項には「絵踏」と記してあり、「影踏」と「絵踏」は併用されていた。

影踏の開始時期

島原藩ではいつ頃から影踏が始まったのかは詳らかではない。寛文九年（一六六九）に長崎奉行所で真鍮踏絵《しんちゅうふみえ》が完成してから、踏絵を借用した影踏制度が確立したものと思われるが、これ以前から影踏は実施されている。

寛文十三年『日記』には、影踏を行なうときは、「高力左近大夫隆長が、牢人を召し置く時に実施されていたとおりにする」とある。寛文十三年の島原藩主は松平忠房（深溝松平家）で、寛文九年に肥前島原に加増移封されている。同十一年から宗門改《しゅうもんあらため》を強化するなど領内の再建に尽力しているが、影踏にあたっては、先代の高力隆長時代（藩主在任一六五五〜六八）の施策を踏襲した。

これは、江戸で吟味されたうえで承認を得ている。つまり幕府公認のもとで、高力時代からの影踏の作法が認められたのである。従来のように実施することを、宗門奉行の常木四郎右衛門と鵜殿七郎右衛門に伝えられている。

このように島原藩での影踏は、松平忠房が入封する以前からすでに行なわれていたことは明らかである。島原天草一揆後に移封した高力忠房・隆長時代にその起源を見出すことができるのである。

影踏の準備

島原藩では、毎年正月上旬から影踏が始まる。長崎奉行所から踏絵を借りて実施されるが、宗門改に携わる者たちには、前年末からその役回りが通告されている。享保二年（一七一七）『日記』の十二月二十一日を見ると、歩行目付二人、足軽六人、下横目《よこめ》（横目方という監察職の一番下位の職）二人に対して、来月六日から宗門改の実施を通達している。また、貞享三年（一六八六）には、「郡奉行もいっしょに宗門改に加わるように」と江戸から仰せ下されたことを受けて、それに従うように命じている。

越年して、実際に影踏をする前日には、関係役人から役所へ改めて申し出されている。元禄十六年（一七〇三）の正月五日には、翌日からの宗門改を控え、宗門奉行の鵜殿平十郎と小林甚兵衛は、影踏のために明日からの「出郷之由」を上申している。これは出張願にあたり、藩当局は「勝手次第」と返答した。こうして許可を得て、郷方《ごうがた》から影踏が行なわれることになった。

影踏の実施

島原藩での影踏は、正月六日から開始されることが多かった。これについては、『日記』にも「例年之通」とあることから、定式化していたものといえるであろう。「島原藩の影踏は、正月二十五日・六日の両日、城下で行なわれてから村々に及んだ」という指摘もあるが（片岡弥吉『踏絵—禁教の歴史』）、実際には日付や影踏する順序に異同が見られる。

寛文十三年（一六七三）には、正月十五日に牢人を召し抱えるにあたり、影踏を行なっている。そして、正月十六日から町方《まちかた》での影踏に移行しており、このとき、二手に分かれて実施された。つまり、島原藩は、長崎奉行所から二枚の踏絵を借用していたために、こうした実施形態を可能としたのである。

享保十九年（一七三四）には、郷方《ごうかた》で影踏を行なうために、宗門奉行が正月六日に出郷している。そして、同月二十日晩には、影踏を終えて戻ってきている。滞りなく実施され、一五日間で影踏が終了している。正月二十二日・二十三日には、町奉行から例年のとおり町方での影踏の実施が伝えられ、同月二十四日には船方《ふなかた》で影踏が行なわれ、ここに宗門奉行が立ち会っている。これからわかるように、村方から影踏が実施され、その後、町方で行なわれる手続きとなっている。

郷方での影踏の順序も、当初、北目（島原半島北部）から始まり、南目（南部）へ移行するという形で行なわれていた。しかし、享保二十年からは、「南目筋から踏ませるように」と変更されている。このときになぜ順番が入れ替わったのかは不詳であるが、南目筋は、そもそも島原天草一揆のときに、一揆勢に加わった地域にあたる。こうした歴史的背景をもとに改められたとも推察される。

影踏が終わると、当該年の「影踏人高目録」を宗門奉行が作成する。たとえば天和四年（一六八四）に影踏をしたのは、五万四四八六人（男性二万七七六五人、女性二万三七二一人）だった。前年度の増減などを加味したものが、藩に提出されたのである。

影踏の手順

島原藩の影踏について、正徳五年（一七一五）に作成された「影踏一件定」（長崎歴史文化博物館蔵）によれば、島原藩では、特定の場所に参集させ、宗門奉行が起請文を読み上げたら、その後、順番に呼び出して影踏をさせている。読み聞かせられた起請文《きしょうもん》は、「宗門御改影踏帳」（西南学院大学博物館蔵）にも、前書四ヵ条が採録されており、ここには次のようにある。

まず、「我々はキリシタンではなく、また、親・祖父の頃からの転び《ころび》（転宗）でもない」。「そのため影踏をし、宗門や寺請《てらうけ》寺院、生まれた国などを記したものを提出する」とある。そして、「キリシタンではないことを「心底」誓って起請文を書き記す」とあり、キリスト教と無関係であることを強調している。そのうえで、「キリシタンのことを見聞きした

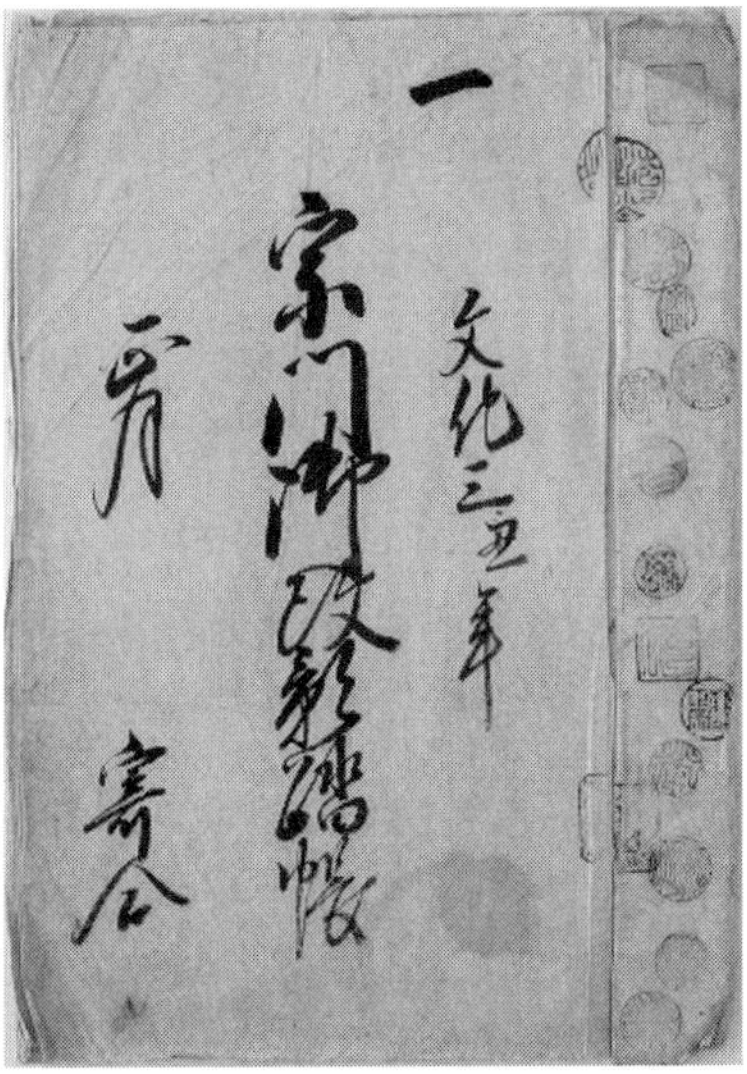

図19　「宗門御改影踏帳」（文化３年，西南学院大学博物館所蔵）

ら必ず申告する」とし、宗門を替えるときも届け出るとある。最後に起請文らしく、「もし、偽りを申し上げたならば、日本国中の大小の神祇《じんぎ》、八幡大菩薩《はちまんだいぼさつ》、愛宕山大権現《あたごやまだいごんげん》、天満大自在天神《てんまんだいじざいてんじん》をはじめ、（島原の氏神）雲仙《うんぜん》にある温泉四面大明神《うんぜんしめんだいみょうじん》と島原城下の猛島大明神《たけしまだいみょうじん》から、いかなる罰を受けてもかまわない」と結んでいる。

この起請文に承認した者が、影踏を行なっていたのである。そして、影踏が終了したら、影踏帳に押印される。影踏帳は戸別にしたためられ、男性戸主は判を押すが、妻子は筆軸印《ふでじくいん》（筆の軸に墨をつけて押したもの）だった。武士は寄合所《よりあいじょ》で影踏をしていたため、「宗門御改影踏帳」の表紙にも「寄合」の文字が見える。これが宗門奉行に提出されて、一連の影踏は終了する。

影踏の形態

島原藩の影踏は、実施する場所によって、その呼び名も異なった。武士は畳の上で「家踏《いえふみ》」をしており、妻子もこれにならった。「家踏」のなかでも、「座敷踏《ざしきぶみ》」と呼ばれる影踏もあったが、これは家内で踏む場所の相違による狭義の別称であろう。百姓たちは「庭踏《にわぶみ》」といわれ、屋外で影踏を行なっている。そのため、足袋《たび》の着用も禁止されていた。また、「宿踏《やどふみ》」といって、下横目たちが対象者の居所（宿）へ踏絵を持参して向かい、これを踏ませることもあった。

原則として、家踏・庭踏が一般的であったが、例外として宿踏が行なわれていた。宿踏は、乳持女や三歳以下の子供が主な対象者で、これにあたっても事前に許可が必要であり、前年の十二月中には、その願いを宗門奉行へ提出しなければならなかった。

このように、島原藩では例外なく厳しい影踏が行なわれていた。病人であっても、等しく実施されている。享保十六年（一七三一）には、多くの病人がいたために、遅滞している。影踏が遅れる見込みとなったときは、宗門奉行は出先の村から書状を当局に送り、状況を連絡している。非常時などの対応は、藩に逐次報告されていたのである。

また、老齢であっても、影踏の場所に訪れなくてはならなかった。元文二年（一七三七）、加津佐村の宗清は、九九歳でありながら、約二里（八キロ）を歩いて影踏をしている。これには立ち会っていた徒横目も〝稀《ま》れ〟なこととして藩へ報告しているほどであった。それだけ、影踏は徹底されていたといえよう。

預かり地の影踏

島原藩は、享保五年（一七二〇）六月から天草を預かり地とした。そのため、天草での影踏も、島原藩が対応することになる。預かり地では、本領での影踏が終了したあとに行なわれた。具体的な事例として、享保九年を見てみると、二月二十六日に天草での影踏役人が命じられている。その翌日の二十七日、早朝五時半に天草に向けて出船している。

このとき、服部半兵衛と大原甚五左衛門が宗門改役として派遣されている。その陣容はというと、服部半兵衛は中間《ちゅうげん》（下級武士）一人を含む六人、大原甚五左衛門は先手《さきて》と中間を含む六人を同伴し、それぞれに人足《にんそく》が充てられた。彼らは別々に行動し、大原甚五左衛門は三月十三日夜、服部半兵衛は三月二十一日に影踏を終えて戻ってきている。

また、貞享二年（一六八五）から五箇荘《ごかのしょう》（熊本県八代市）が天草代官支配となる。そのため天草を預かった島原藩は、五箇荘の影踏も担当することになった。享保十年二月一日『日記』によれば、八日・九日に行なわれる五箇荘での影踏に派遣される予定が記されている。五箇荘については後述する。宗門奉行は、慣れている者に派遣を命じている。

このように、天草が預かり地となったことによって、五箇荘での影踏も担当することになった。これは大きな負担になったようで、事情に精通した人物に命じるなど、一定の配慮を要した。島原藩では、踏絵の借用期間中に、預かり地天草と五箇荘でも影踏を行なっていたのである。

天草崩れ以降の影踏

文化二年（一八〇五）の天草崩《くず》れによって、多数の天草島民が検挙される。このときの天草は島原藩の預かり地であり、島原藩にとってこの事態は看過できないものだった。長崎奉行との連絡を密にしながら対処し、結果的には、天草の島民は「心得違《こころえちが》い」として処理される。換言すれば、「異宗信仰者」であり、キリシタンとは認定されなかったのであった。

島原藩内では、これ以降、細分化された影踏が行なわれるようになっている。文化六年や同八年『日記』を見ると、宗門奉行は正月九日に影踏対象者を定めた書付《かきつけ》を提出している。これによると、正月二十七日と二十八日に町方、同二十九日は御船倉、同晦日と二月一日には会所で影踏が行なわれている。また、二月二日には、御家人の宿踏が行なわれ、さらにその関係者がその対象となった。

そして、正月晦日と二月一日に、島原藩の飛び地である豊洲領（大分県北部）でも行なわれている。大分地方はキリシタンが多かった地域であり、万治三年（一六六〇）の豊後崩れを受けて、影踏が厳しく行なわれるようになったのである。

影踏での処罰

婚姻により村に加わったときには、影踏をする必要があったが、これを怠ることがしばしばあったようである。寛政七年（一七九五）十一月に川島銀兵衛の娘を妻に迎えた平助は、影踏をさせなかったとして、三日間の「戸〆《とじめ》」（庶民に科される刑罰で門戸を釘で打ち留め閉ざすこと）が申し渡されている。あわせて村役人には急度叱《きっとしかり》（厳重注意）が言い渡され、いわゆる業務上の瑕疵《かし》があったと判断されている。なお、当事者の妻には刑罰は科されていない。

また、寛政六年二月には、病気の〝とく〟の身代わりに〝ふゆ〟が影踏をする「代踏《だいふみ》」をしたため、二人に七日間の手鎖、村役人には急度叱が申し渡されている。役人の不手際が特に多かったようで、文化十年（一八一三）に、南串山村の案内役である庄右衛門と甚八、宅蔵は、影踏のときに病人のところへ向かい影踏したにもかかわらず、その人数から除いて帳面にも印形した。さらに、酒に酔って歩くこともできなかったという「不埒《ふらち》」があったので二〇日の入牢《じゅろう》となっている。

他にも、影踏のときに立ち会わなかったとして過料が科されたり、檀那寺《だんなでら》にも押印に不埒があったとして五日の閉門が申し渡されている。影踏をする者だけではなく、役人たちの「不埒」、換言すれば、業務における気の緩みから処罰されていることも見られる。

影踏の廃止と国家神道化

島原藩では、長崎で絵踏が中止（安政五年〈一八五八〉）されて以降も影踏している。慶応四年（一八六八）の高来郡多比良《たいら》村の影踏帳の前書にも、支配する男女の一人残らず影踏していることが記されている。また、明治二年（一八六九）に高来郡北串山村で「宗門御改影踏帳」（長崎歴史文化博物館蔵）が作成されており、影踏の実態が示される。

島原藩では、明治四年まで絵踏が続けられていたとされる。片岡弥吉氏は、南高来郡加津佐村の社人が提出した「邪宗門《じゃしゅうもん》御改証文」により、その実態を明らかにしている（『踏絵—禁教の歴史』）。その前書部分には、廻村のうえで影踏をして改めていることが明記されている。しかし、長崎奉行、そして長崎裁判所が島原藩に踏絵を貸し出したという史料がないことから、どのような踏絵を用いていたのか検討する必要がある。

島原藩の起請文には、日本の神仏が列挙されていたことは前述のとおりである。しかし、この頃になると、慶応四年の神仏判然令《しんぶつはんぜんれい》や、明治元年三月二十七日の太政官布告《だいじょうかんふこく》などをもって、神仏分離が進んでいった影響が見られるようになっている。神道を奉じ、伊勢両宮や八百万《やおよろず》の神などを信仰することで、「邪教ではない」と記されている。このように、起請文の文言の変化に見られるように、当時の宗教政策が、宗門人別改帳にも反映されていたのである。

郡崩れの経験が転機となった大村藩

大村藩とは

肥前国彼杵《その　ぎ》郡を領有した大村藩は、地頭《じとう》より成長した大村氏の所領で、島原領主有馬家から養子に入った純忠《すみただ》のときに、戦国大名となる。キリスト教の布教を容認し、南蛮貿易を積極的に展開した。佐賀龍造寺《りゅうぞうじ》と交戦を繰り返すなか、天正十五年（一五八七）に豊臣秀吉により、純忠の子喜前《よしあき》は旧領安堵される。なお、純忠と喜前は熱心なキリシタンとして知られ、長崎の地をイエズス会に寄進している。以降、江戸時代を通じて一度も転封《てんぽう》されることなく、一二代にわたり世襲されていった。

絵踏の呼称

大村藩政史料として著名なものに、『見聞集《けんぶんしゅう》』と『九葉実録《くようじつろく》』がある。前者は、慶長年間（一五九六～一六一五）から文化年間（一八〇四～一八）までの藩の重要文書で、アーカイブ（重要記録を保存・活用し未来に伝達すること）を含めて編纂されている。後者は、慶安三年（一六五〇）から幕末までの藩政日記である。『見聞集』には、「踏絵《ふみえ》を借用いたし絵踏《えふみ》を改めん事」と記載され、行為の「絵踏」と道具の「踏絵」とを、明確に分けて記している。また、「耶蘇《やそ》踏絵」という具体的な文言もあり、道具としての踏絵が意識されている。

一方、『九葉実録』には、「踏絵」はもちろん、「像版《ぞうばん》」「蛮像《ばんぞう》」なども記載される。また、行為としての「踏像」という表現の一方で、「踏絵」の文言も散見される。大村藩でも、長崎と同様に、踏絵と絵踏には明確な使い分けはなく、混同していたといえよう。

絵踏の起源

大村藩の絵踏の起源は不明だが、万治元年（一六五八）以前にさかのぼることは特定できる。万治元年に、キリシタンが大量に検挙された郡崩《こおりくず》れを受けて、大村藩は長崎奉行所へ踏絵の借用を打診するが、これ以前は、自前の踏絵で絵踏をしていた。自前の踏絵について、「藩内ニテ耶蘇像ヲ刻シ」（『九葉実録』）とあり、藩内で鋳造していたものだった。当初から大村藩では、信仰物を踏ませるのではなく、踏ませるために道具を製作して絵踏を行なっていたのである。

大村藩は、キリシタン大名大村純忠《おおむらすみただ》を筆頭に、多くのキリシタンがいた地域のため、藩内には相当の聖具があった。それは、次ぎの郡崩れからも裏付けられ、これらをもとに、自藩で踏絵を鋳造したと考えられる。

大村藩は自前の踏絵を所持し、これを用いて宗門改《しゅうもんあらため》を行なっていた。しかし、これらも毀損していたため、満足した絵踏ができていなかったようである。そんなさなかに起こったのが郡崩れだった。

郡崩れ

郡崩れは、明暦三年（一六五七）に、大村藩内の郡村で多数のキリシタンたちが検挙された事件である。「島原の四郎」の再来とされる六左衛門の存在、さらに、村内に生じた終末思想も相まって、キリスト教信奉の動きが起こった。これを受けて六〇三人が捕らえられ、そのうちの四一一人に斬罪が申し渡される事態となった。この裁きには、幕府や長崎奉行も介入し、周辺の九州諸藩を巻き込みながら処理していった。

長崎奉行所からの踏絵貸与の始まり

大村藩はキリシタンが発覚したことを受けて、「これまで絵踏を徹底していたが、近年、踏絵が毀損しているために中断していた」と、長崎奉行黒川与兵衛正直《くろかわよひょうえまさなお》に弁明する。あわせて、「今回のことは、不慮の出来事だ」とも強調した。

大村藩は事の重大さに鑑《かんが》みて、即座に対応を講じ、長崎奉行所へ踏絵の貸与を申し出た。大村藩留守居《るすい》（幕府や他藩との交際・連絡担当役）の家老たちは、万治元年（一六五八）二月二十二日に、長崎付人《つきびと》（聞役《ききやく》。長崎で情報収集や奉行との折衝を行なう藩の役職）の高尾清太夫に踏絵借用を願い出させている。それは、絵踏の中断が郡崩れの発生に起因したと判断したためであり、大村藩が禁教を徹底する姿勢を改めて示したのである。この申し出に対して、長崎奉行は好印象だったが、郡崩れの処分が審議されているなかでの申し出のため、いったん保留された。

郡崩れの処分は、万治元年七月二十七日に下された。この翌月、八月十二日に藩主の大村純長《すみなが》は、再度、黒川正直と甲斐庄喜右衛門正述の二人の長崎奉行のもとに、高尾清太夫を送る。ここで踏絵（板踏絵）の借用が正式に認められることになり、「大村領内の者に踏ませて宗門改をするように」と申し渡された。これは臨時の絵踏であったが、これを機に大村藩は長崎奉行所から踏絵を貸与され、宗門改が実施されるようになった。

絵踏の実施と定着

万治元年（一六五八）に長崎奉行所から借用して初めて行なわれた絵踏は、八月十四日から始まった。長崎付人の高尾清太夫は、二枚の踏絵を借用して大村に戻ると、領内二手に分かれて実施にうつった。すべての領民を対象に、地方《じかた》は宮村、離島は大村湾に浮かぶ日並村から巡回した。絵踏の形式が定まっていなかったこともあり、このときは内地で一八日間、島嶼部で一九日間に及んでいる。絵踏にあわせて人別帳《にんべつちょう》を作成し、さらに檀那寺《だんなでら》との契状を交わしている。大村藩では、郡崩れ後の絵踏にあわせて、寺請《てらうけ》制度を導入していった。

以降、大村藩に切支丹《キリシタン》奉行（のちに宗門奉行へ改称）を設置、手代《てだい》四人と目付《めつけ》二人を配して宗門改を行なった。領内では春季と秋季の二度の絵踏があり、この形態は寛文十二年（一六七二）まで続けられた。一年に二度の絵踏が行なわれた背景には、郡崩れの影響があったからにほかならない。

延宝元年（一六七三）からは、一年に一度の絵踏と変更され、これにより二月に長崎奉行所に踏絵を借りに行くようになった。引き続き領内すべての老若男女に義務付けており、病人であっても免除されることはなかった。病人への宗門改を行なうことを「病人廻り」といい、宗門役を迎える村は「払酒」と呼ばれる準備をする。これは、厄払いの一種であり、慣例となっていた。

また、用事で他所へ行き、絵踏ができないときは、五人組の承認を得たうえで、名主《なぬし》への届け出が必要だった。そして、名主から目付《めつけ》へ連絡され、目付から宗門奉行へ上申されることになった。用事が済み次第、目付から手形を受け取り、宗門奉行のところで絵踏をしている。絵踏の一時免除にあたっては、手続きが決められており、それに従って許可を取る必要があった。

しかし、許可を得ずに他所へ行く者もいた。天保十二年（一八四一）七月十一日、高瀬弥十という者は、許しを得ないまま出かけたため、宗門改ができなかった。戻ってきたところを捕らえられ、来年の絵踏が行なわれるまでのあいだ、牢屋で身柄を拘束されている。

大村藩には絵踏の免除規定はなく徹底されていた。

絵踏の変容

大村藩は踏絵を二枚借りて絵踏を実施していたが、どうしても長期間にわたってしまうことから、領内でも不満が高まっていた。そのため、文政三年（一八二〇）に踏絵の枚数を増やしてもらい、負担の軽減を図れないかと思案する。これまでより二枚を増やして、計四枚の踏絵の借用を願い出たのである。

長崎奉行所はこのとき、他藩へも貸し出して、踏絵の枚数が不足していたため、工面できる三枚を貸し出している。それにあわせて、翌年には、必ず四枚を貸し出すことを約束する。文政四年二月七日、長崎聞役の北条外衛に四枚を貸与し、これ以降、大村藩は四枚の踏絵を借用した。

大村で絵踏を行なうと、彼岸などとならんで賑わいを見せていたようである。そのため、天保十三年（一八四二）に、「絵踏のときに、どんな商品であっても、振売《ふりうり》してはならない」と伝えている。振売とは、商品を手に提げていたり、天秤棒《てんびんぼう》などで担いで売り歩く者である。周辺地域から、絵踏のときに行商が集まっていた様子がわかる。また、市場を出すこともあったようで、本来、厳格かつ厳粛に行なわれるはずの絵踏によって、商業の場が形成されていたのである。

絵踏の廃止

絵踏の廃止条文を伴った安政五ヵ国条約は、大村藩にも伝えられることになった。ロシア・フランス・イギリス・オランダとの条約書の写が、安政五年（一八五八）六月十一日に長崎奉行から大村藩へ送られている。

踏絵については、これとは別に伝えられたようで、安政六年七月七日に、長崎奉行岡部《おかべ》駿河守長常《するがのかみながつね》から聞役へ、絵踏中止が申し渡されている。

しかし、幕府の政策として、依然としてキリシタン禁制は維持されており、厳守を求められている。そのため、「宗旨人別改は、引き続き入念するように」と申し渡されたのであった。

つまり、安政五ヵ国条約締結に伴い、踏絵の貸与が行なわれなくなり、領内で絵踏を実施できなくなった。依然として禁教は継続中のため、大村藩では、毎年春に宗門奉行を巡回させ、宗旨の確認と人別改を行なっていたのである。

踏絵を借りた豊後国の藩と預かり地

豊後国七藩・天草・五箇荘

キリスト教色の強かった豊後国七藩

豊後国とキリスト教

キリシタン大名として知られる大友宗麟《おおともそうりん》は、最も勢力を誇ったときには九州六ヵ国（豊後・豊前・肥前・肥後・筑前・筑後）、北九州東部を支配するほどであった。しかし島津氏に敗れ、豊臣秀吉の九州平定後には、宗麟の子義統《よしむね》は、豊後国（大分県）の一国と豊前宇佐郡の半郡を領有するのみとなった。文禄の役では、義統が大失態を演じて改易《かいえき》となり、豊後国を含む大友領は豊臣家の直轄地となる。

江戸時代には、豊後国は府内《ふない》（大分市周辺）・杵築《きつき》（杵築市）、日出《ひじ》（速見郡日出町）・臼杵《うすき》（臼杵市）・森（玖珠郡玖珠町周辺）・岡（竹田市）・佐伯《さいき》（佐伯市）の七藩で構成され、さらに領内には天領や熊本藩・島原藩・延岡藩の預かり地や飛び地があった。

このような歴史を持つ豊後国は、キリシタン大名大友宗麟が治めた府内を中心に、キリスト教色の強い土地柄だった。南蛮貿易で栄えた府内には、弘治三年（一五五七）に西洋式病院も設けられるなど、キリスト教布教の拠点となっていた。領内には多くのキリシタンたちがいたことでも知られ、メダイ（聖母マリアやキリストなどが彫られたメダル）や十字架など当時を物語るものが今日にも伝わる。また、この時期には、メダイなどのキリシタン信仰物を国産化していたことが、発掘成果で明らかとなっている。

絵踏の変遷

豊後国では、長崎同様に、「踏絵《ふみえ》」「絵踏《えふみ》」と称している。禁教政策が進められていくなかで、比較的早い時期から絵踏が行なわれていたようである。

臼杵藩では、寛永十一年（一六三四）に、かつてキリシタンであった者（転《ころ》びキリシタン）たちを対象に絵踏をしている。全領民に実施していたのではなく、転びキリシタン本人やその子孫たちに絵踏を強要した。これにあわせて類族帳も作成されており、徹底したキリシタン管理が行なわれた。

豊後国領内で絵踏が制度化したのは、寛文年間（一六六一～七三）とされる。たとえば岡藩は、万治三年（一六六〇）に絵踏を実施していることが確認され、当初、長崎奉行所から借用した踏絵を板に筆写したものを踏ませていた。そして、寛文年中からは銅製のものを製作し、これを持参して村々を巡廻している。

寛文四年（一六六四）「覚書《おぼえがき》」には、岡藩では「武士はもとより、その妻子、医師、僧侶や神主を含めて残らず絵踏をした」とある。武士に関しては組単位で行なわれていたようで、頭取が踏絵を受け取り、各組に渡した。このときは、自前の踏絵が用いられ、岡藩は複数枚を所有していた。また、町人や医師、僧侶や神主へは、町奉行が行なうことになっていた。

踏絵の借用

豊後国諸藩のなかで、長崎奉行所から踏絵を借りていたことを史料上確認できるのは、府内・杵築・臼杵・岡の四藩である。また、預かり地の場合は、本藩それぞれの責任のもとに宗門改《しゅうもんあらため》を行なっている。

臼杵藩の場合は、正月祝儀の使者を長崎へ派遣するのにあわせて、一～二枚の踏絵の借用を受けている。前年の十二月二十三日に使者が選定され、正月二日に長崎へ向けて出発することが通例で、正月十一日には長崎に到着している。そして、巳刻（午前九～一一時）に長崎奉行所を訪れ、踏絵借用書を提出して受け取った。その翌日に、臼杵へ向けて出発し、九日間の行程を経て二十一日に到着している。

岡藩も、臼杵藩と同じように、長崎奉行への年始挨拶にあわせて使者が派遣され、踏絵を借用している。臼杵藩が陸路を取ったように、岡藩も日田《ひた》経由で帰路についた。踏絵の貸与は、長年のやりとりのなかで慣例化しており、年始行事の一環として実施されていたことがわかる。

踏絵の返却

踏絵を長崎奉行所に返却するため、臼杵藩では二月下旬に出立した。三月一日、もしくは二日に長崎に到着し、奉行所へ返納することが慣例だった。踏絵の返却を申し付けられた使者は、「人足《にんそく》三人馬二疋」が与えられ、長崎へ向かった。

もし返却が遅れる場合は、事前に長崎奉行所へ断っておく必要があった。そのやりとりを、元禄期（一六八八〜一七〇四）に長崎奉行職にあった宮城和澄《みやぎまさずみ》と山岡景助《やまおかかげすけ》に宛てた、臼杵藩主稲葉知通《いなばともみち》の書状から知ることができる。

そこには、臼杵藩から返却予定日の一週間前に、長崎奉行所から借りた二枚の踏絵の延長願いが出されている。これを受けて長崎奉行は返書を作成し、「絵踏が終わり次第、返納するように」と伝えている。このやりとりは、貸与する際に交わした借用書を基に行なわれており、長崎奉行所は他藩にも踏絵を貸与するため、返却に遅延が見込まれるときは速やかに連絡させていたのである。

豊後崩れ

万治・寛文年間（一六五八〜七三）に、豊後で多くのキリシタンが露見する「豊後崩《くず》れ」が発生する。これは、万治二年（一六五九）に熊本藩領高田で七〇人のキリシタンが捕縛されたことを契機に、天領をはじめ、臼杵・岡・府内でも同じような動きが生じた。豊後崩れは、寛文八年（一六六八）にピークを迎え、二三〇人が検挙されるが、この裁きには、幕府と長崎奉行所が介入した。

前述した大村藩の郡《こおり》崩れとは異なり、長期間にわたってキリシタンが検挙されており、意識的に捜索が行なわれていた。こうした状況を、『大分県史』（村井早苗氏執筆）では、「演出された露見」と表現している。まさに、島原天草一揆《しまばらあまくさいっき》から二〇年以上経過したなかで、幕府による予定調和的なキリシタン検挙が、この豊後崩れであった。

九州各藩の宗門奉行設置と宗門改

豊後崩れの最中の、寛文四年（一六六四）に、幕府は九州各藩に宗門奉行の設置を命じている。そこで、臼杵藩では翌年に宗門奉行三名が就任している。あわせて、絵踏が制度化され、当時、長崎奉行を務めていた黒川正直から、長崎奉行所の踏絵を使用するように勧められ、延宝五年（一六七七）からは、毎年借り受けるようになった。

このように、踏絵を長崎奉行所から借りることになった豊後国の諸藩だが、長崎までの旅程や踏絵の管理など、その負担は決して軽くはなかった。岡藩は当初、自前で製作した踏絵を使用していたが、これについて、長崎奉行河野権右衛門通定《こうのごんえもんみちさだ》から詰問されている。

岡藩の踏絵鋳造事件

寛文十一年（一六七一）七月二日、岡藩の宗旨奉行柘植信右衛門《つげしんえもん》に対して、「九州諸藩の多くは長崎奉行所に踏絵を借りに来るのに、岡藩からはそれがない」と、事情照会されている。「岡藩も他藩にならって、長崎奉行所から踏絵を借りるように」と、暗に迫っているのである。そこで、柘植新右衛門は、踏絵二枚を借用して国元に持ち帰り、三家老（中川平右衛門・中川助之進・中川藤兵衛）と協議して、鉄炮屋の井川九郎兵衛に命じて同じものを鋳造させた。

鋳造が終わって長崎奉行所へ踏絵を返納するにあたり、右の三家老は八月一日に挨拶状を送った。そこには、「先日、真鍮《しんちゅう》踏絵二枚を借り受けたが、その写しが終わったならば早々に返納すべきところ、自領の細工人に鋳造させたため、返納が延引してしまった」とある。岡藩は、絵踏をするために長崎奉行所から真鍮踏絵を借りたのではなく、模造品をつくって、それを自藩で使うために借り受けたと認識していたのである。それはかつて自前の踏絵を製作したときと同じ理屈だった。

激怒した長崎奉行

これに対して、長崎奉行の河野権右衛門は激怒する。「柘植新右衛門に踏絵を貸したのは、岡藩が所持する踏絵の枚数が少ないので、宗門改が思うように進まないという報告を受けたためである。長崎奉行所には多くの踏絵があるので、岡藩のために用立てたのであって、自製の踏絵を鋳造させるために貸し出したのではない」と断罪した。

そのうえで、「長崎奉行所の踏絵の模造品を岡藩が所持することは同意しかねる」と伝えた。また、「踏絵を鋳造するときは、老中に伺って指図を受けなければならないにもかかわらず、それを怠っている」と付言している。河野権右衛門は、自身の思惑と異なる行動を取った岡藩に、厳しく詰問したのであった。

これを受けて岡藩は、在府中の藩主中川久恒《なかがわひさつね》に事態を報告するとともに、家老の中川藤兵衛が領内のキリシタン信仰の調査を開始する。

領内を捜索した結果、「切支丹仏《キリシタン》」を数十体回収した。これを長崎へ持参して処分を求め、河野権右衛門は検使の立ち会いのうえ、長崎の鋳物師《いもじ》である萩原祐佐《はぎわらゆうさ》に鋳崩《いくず》させている。さらに、謝罪のために、中川藤兵衛と柘植新右衛門らが長崎を訪れ、今回鋳造した踏絵二枚を提出して事態の収拾を図ったのであった。

踏絵の処分と岡藩の責任

対応のために長崎に滞在していた中川藤兵衛は、岡藩にいる中川平右衛門と中川助之進の二家老へ事態収束の一報を送った。岡藩製作の踏絵は、鋳崩しになるであろうと伝えている。

また、在府中の藩主中川久恒も進捗を深刻に見守っており、九月一日付で家老三人と宗旨奉行柘植新右衛門らに対して、当面のあいだ、「遠慮《えんりょ》」（自宅謹慎）を申し渡している。いわば、岡藩は自発的に当事者を処罰したのである。

他方、幕府からは、十月十二日に中川平右衛門以下一四人へ「閉門《へいもん》」処分を申し渡した。閉門は昼夜ともに出入りを禁じるもので、自由刑の一つである。岡藩が下した「遠慮」は、夜間の出入りを黙認するものだったことから、それよりも重い罰が幕府から言い渡された。そして、閉門が赦《ゆる》されたのは、十二月二十二日のことだった。

このように、長崎奉行所が岡藩に貸与した踏絵をめぐって、双方の認識の相違により、大騒動に発展した。長崎奉行としては、踏絵を貸し出すことによって九州域での立場を明確にしようとしたが、岡藩としては、効率よく絵踏を行なうことが、公儀の禁教政策の遵守《じゅんしゅ》につながるものと考えていた。そして、長崎奉行は、岡藩の踏絵鋳造事件を介して、領内のキリシタン信仰物を捜索させ、この処分権を掌握していった。

寛永十～十六年（一六三三～三九）に五次わたって出された寛永鎖国令以降、長崎奉行が形成してきたキリシタン専断権を、河野権右衛門は岡藩の踏絵鋳造事件をとおして、さらに実質的なものとしたのである。

府内藩での絵踏の実施

府内藩での絵踏は、春季と秋季に行なわれている。春季は正月二十六日からおおむね始まり、家中《かちゅう》や寺社方、町人、百姓などに至るまで、領内の全住民に絵踏をさせた。秋季は七月十七日から始められ、町人や百姓のみを対象とした。ともに約一ヵ月間で終わり、町方《まちかた》から郷村部へと移行した。町方の絵踏は八日間ほどかかり、藩からは、奉行と目付《めつけ》、中間《ちゅうげん》が巡回した。

府内藩では社寺で絵踏を行なっており、柞原《ゆすはら》神社（大分市）の「座居等之覚」によると、絵踏には奉行や目付のほか、大宮司、絵踏役、絵箱役、御手代、大庄屋、庄屋などの村役人が控えている。百姓や社人は、絵踏役の監督下で踏絵を踏み、大庄屋の前で宗門帳に判《はん》形《ぎょう》して外出が許され、絵踏が終了した。

臼杵藩での絵踏の実施

臼杵藩では、おおむね正月下旬に城下から始められた。まず、武士から絵踏をし、その後、町人へ移行した。正月二十三日に臼杵城下で行なわれ、二十七日まで各家を廻り、五日間で絵踏を終えている。戸別に家族全員に絵踏をしているが、そのときは、足袋《たび》を着用している。

絵踏のときは、巡回する小頭《こがしら》が六時頃から宗門櫓で絵板を受け取り、警固のために足軽を一人随行した。町内の触番《ふればん》年寄、町夫を召連れて絵板を持参させている。出郷するときは、宗門奉行、同下役の小頭といっしょに巡回した。組に所属するものは、小頭宅にて絵踏をしている。

臼杵藩では、早ければ二月下旬から三月上旬、遅くとも三月下旬には全領民の絵踏が終わっている。また、身分ごとに絵踏をしており、武士や僧侶、社人は、町人や百姓とは別に行なわれた。絵踏の対象者も段階的に広がっていき、当初はキリシタンだけに絵踏をしていたが、山伏《やまぶし》や僧侶といった宗教者にも行なうようになった。

絵踏の免除は特段認められていなかったようで、もし、武士のなかで絵踏の時期に江戸で在勤していた場合は、組頭が江戸在勤の由を帳面に記入した。また、病人には、改役がその自宅に訪れて、病床中の病人の足へ踏絵をあてたうえで署名捺印させた文書を提出している。軽症の病人には、寄場《よせば》を設けて絵踏をさせていた。その結果、延宝五年（一六七七）の「町在中踏絵人高之書付」には、五万三四四六人という数が記載されているが、これは、当時の臼杵藩の全人口と合致しており、全領民を対象としていたことがわかる。

岡藩での絵踏の実施と廃止

岡藩で絵踏が制度化したのは、寛文四年（一六六四）からで、武士とその妻子、医師、寺社方に至るまで対象だった。年寄たちが一枚の踏絵を受け取り、妻子はもとより、家内の者まで残らず踏ませていった。

ここで使われていた踏絵は、岡藩独自で作っていた板踏絵であった。岡藩では以前から板に描いた踏絵を所持しており、各村の庄屋の手元で一枚ずつ管理されていた。毎月、百姓たちに踏ませていたようで、厳しく絵踏を行なっている。寛文十一年には、これまで男子にだけ絵踏をしていたので、今後は男女ともに踏ませ、さらに僧侶や山伏、その妻子にも義務付けていった。また、絵踏にあわせて血判誓詞《けつぱんせいし》を申し付けられる徹底ぶりだった。

しかし、この板踏絵は、前述した踏絵鋳造事件によって、寛文十二年に回収されることになる。今後、板踏絵は必要ないとして、城下の蔵に納められ、最終的には長崎奉行所へ持参、回収されている。当初、独自の踏絵を用いていたため、自由に絵踏を行なうことができた。長崎奉行所から借用すれば、返却期日などにより、柔軟な対応は困難となった。年始祝儀の使者が踏絵を借り受け、長崎から戻った翌日から順次絵踏が開始された。延享二年（一七四五）には、以前は村方《むらかた》から絵踏をしたが、支障をきたすという理由で、町方からの実施となった。家中や家人、最後に村方という順番で行なった。二枚借用したときは、北部と南部に分かれて絵踏を行なっている。なお、秋季に絵踏をすることもあった。

町方では、乙名方《おとなかた》四ヵ所と使者郡屋で絵踏みが行なわれている。家中の場合は、中小姓格と御徒士《おかち》目付、「坊主」（藩が抱えた僧侶で一一〇人いた）とがいっしょに絵踏をした。扶《ふ》持人《ちにん》（俸禄を受けている者）のときは、小頭宅、御中間宅、馬屋でも行なっていた。ここだけでも五〜六日はかかり、絵踏が終わったら五日以内に、それぞれ家老に証文を提出しなければならなかった。

このように、豊後国各藩は、長崎奉行所から踏絵を借用して絵踏を行なうようになっていった。廃止については、このことから考えて、安政五ヵ国条約締結にあわせて、廃止されたものと思われる。長崎奉行は、九州域における支配体制強化を目的として踏絵の貸与を行なっていたが、幕府の禁教政策を断行するという観点からすれば、豊後国各藩で独自の踏絵を所持させたうえで絵踏をした方が、長く行なうことができたとも想定される。

絵踏と影踏が交錯する天草

江戸時代の天草諸島《あまくさ》（熊本県天草郡）は、中期頃まで私領と天領の支配替えが繰り返されたのち、天領のまま幕末に至る。まず、その事情を述べておく。

天草五人衆の天草支配

中世から近世へ移行する時期、天草島は、天草五人衆と呼ばれる天草種元《たねもと》・志岐鎮経《しきしげつね》・大矢野種基《おおやのたねもと》・上津浦種直《こうつうらたねなお》・栖本親高《すもとちかたか》が分割支配していた。志岐鎮経をはじめ五氏は、キリスト教に帰依しており、保護者として積極的に宣教師を誘致した。さらに島内にはコレジヨ（イエズス会創建の神学校）が設けられ、キリスト教布教の一大拠点になっていた。

慶長六年（一六〇一）からは、唐津藩主寺沢広高《てらさわひろたか》が治めるが、その息子堅高《かたたか》が引き継いだ寛永十四〜十五年（一六三七〜三八）に起こった島原天草一揆《しまばらあまくさいっき》により一変する。

島原天草一揆とその後の統治

島原藩では藩主松倉勝家が斬首となったが、寺沢堅高は一揆の引責で天草四万石を収公された。このあと天草を引き継いだのは、備中国成羽《なりわ》藩主であった山崎甲斐守家治《やまざきかいのかみいえはる》である。山崎家治が入封して富岡《とみおか》藩として立藩、寛永十八年まで天草を支配するが、このあいだに一揆で荒廃した天草の建て直しを図るものの、なかなか成果があがらなかった。そして、寛永十八年に山崎家治が転封《てんぽう》したことにより、天草は御料地《ごりょうち》（天領）となった。

これを受けて天草代官に就任したのが、行政手腕に定評のあった鈴木重成《すずきしげなり》である。鈴木重成は、天草赴任前に納戸頭《なんどがしら》・上方代官《かみがただいかん》、摂津・河内堤奉行を歴任しており、民政に精通していた。鈴木重成は、他藩から移民入植者を受け入れ復興を図る。そして、島民への仏教帰依《きえ》を加速させるため、兄で僧籍の鈴木正三《しょうさん》を天草に招く。鈴木正三は寺社の復興建立を推し進め、キリスト教を批判する排耶書《はいやしょ》である『破吉利支丹《はキリシタン》』を配布するなど、キリシタン廃絶を進めた。さらに、正保四年（一六四七）には、島原天草一揆で戦死したキリシタンたちの首塚に、仏式で供養する「吉利支丹供養碑」を建立し、仏教教化を推し進めた。重成の後任には、基本路線を等しくした重辰《しげたつ》（鈴木正三の子で、重成の養子となる）

が就任し、寛文四年（一六六四）まで代官を務めている。

総石高の確定に関連した財政再建にあたって、戸田伊賀守忠昌《とだいがのかみただまさ》が治めることになり、寛文四年に再び藩領に移行し、富岡藩が成立する。このとき、築城されていた富岡城の必要性が吟味され、三の丸を残して破却するに至っている。三の丸は藩庁となり、のちの天領時代には代官所（陣屋《じんや》）となった。ここを富岡陣屋ともいった。

寛文十一年、戸田忠昌が寺社奉行へ転任するにあたり、小川藤左衛門正辰《おがわとうざえもんまさたつ》が代官に就任すると、天草は再び天領となった。こうして正徳四年（一七一四）まで、天草代官による支配が行なわれた。

しかし、これ以降は、日田《ひた》代官や長崎代官、西国郡代、島原城主の預かり地というかたちで支配されることになる。天草周辺の海域は、海外との主要な海路だったために、島内各所に遠見番所《とおみばんしょ》が設けられ、異国船監視はもとより、抜荷《ぬけに》（密貿易）取り締まりの面で重要な場所だった。以上の支配変遷を示すと、表のようになる。

天草の町村体制

鈴木重成は、荒廃した島内の立て直しにあわせ、行政区画を整備していった。代官所が置かれた富岡は町制を取り、町年寄《まちどしより》と町庄屋を置いた。町年寄には、村川・岡部・高嶋の三家、町庄屋には荒木家が就任した。正徳五年（一七一五）には、富岡に蔵元が置かれることになり、ここで年貢の管理を行なわせた。

表　島原天草一揆以降の天草支配

管轄	氏　名	就任年	離任年
私領	山崎家治	寛永15年(1638)	寛永18年(1641)
天領・天草代官	鈴木重成	寛永18年(1641)	承応2年(1653)
	鈴木重辰	承応3年(1654)	寛文4年(1664)
私領	戸田忠昌	寛文4年(1664)	寛文11年(1671)
天領・天草代官	小川正辰	寛文11年(1671)	貞享元年(1684)
	永田貞清	貞享元年(1684)	貞享元年(1684)
	服部三正	貞享2年(1685)	元禄3年(1690)
	今井茂富	元禄4年(1691)	元禄13年(1700)
	山木与惣右衛門	元禄14年(1701)	元禄15年(1702)
	竹村惣左衛門	元禄15年(1702)	元禄16年(1703)
	小野朝之丞	元禄16年(1703)	宝永元年(1704)
	竹村嘉茂	宝永元年(1704)	正徳4年(1714)
天領・預かり地	日田代官	正徳4年(1714)	享保5年(1720)
	島原藩主松平家	享保5年(1720)	寛延3年(1750)
	島原藩主戸田家	寛延3年(1750)	明和5年(1768)
	西国郡代揖斐家	明和5年(1768)	天明3年(1783)
	島原藩主松平家	天明3年(1783)	文化10年(1813)
	長崎代官高木家	文化10年(1813)	天保3年(1832)
	西国郡代塩谷家	天保3年(1832)	天保3年(1832)
	長崎代官高木家	天保3年(1832)	弘化4年(1847)
	西国郡代竹尾・池田家	弘化4年(1847)	文久元年(1861)
	長崎代官高木家	文久2年(1862)	文久2年(1862)
	西国郡代屋代・窪田家	文久2年(1862)	慶応4年(1868)

（出典）　渋谷敏実『天草の歴史』(熊本工業大学出版局、1977年）をもとに作成。

富岡以外の地域には村制を導入し、その数は八六にも及んでいる。さらに、この村々を十組に属するように配置し、組に大庄屋を、村には庄屋を置いた。十組は、志岐組（大庄屋は志岐村に置かれる。以下カッコ内は大庄屋役）、井手組（井手村）、御領組（御領村）、本戸組（本戸馬場村）、栖本組（大浦村）、大矢野組（上村）、砥岐《とき》組（樋島村）、一町田組（一町田村）、久玉組（久玉村）、大江組（大江村。文化四年〈一八〇七〉に高浜村の上田家が大庄屋格となる）と分けられた。

この行政区画は、島内での文書回覧などの基本にもなっている。そして、絵踏《えふみ》巡回の際の触もこれにならい廻達された。

絵踏の呼称と宗門人別改帳

前述したように、天草は天草代官以外に、特に正徳五年（一七一五）以降は島原領主・長崎代官・日田代官・西国郡代が交互に支配していた。そのため、宗門改《しゅうもんあらた》にあたっても作法に違いがあった。それは、絵踏の呼称が地域によって異なっていたことにも通じ、絵踏《えいふみ》や影踏《かげふみ》のあとに作成される「宗門《しゅうもん》人別改帳《にんべつあらためちょう》」にも反映された。

たとえば先に取り上げたように、長崎はもとより西国郡代支配地では「絵踏」といわれていたが、島原藩などでは「影踏」といっていた。この呼称は、実施される村落で厳重に峻別されて使われていた。特に、支配替えとなった初年度には、注意を促す文書が回覧されている。文化十年（一八一三）、支配が島原藩から長崎代官へと代わることを受けて、提出する宗門人別改帳の表紙を「踏絵帳」として作成するようにと通達されている。

それは、これまで〝影踏〟を反映した「宗門御改影踏帳」が提出されていたための措置である。内容は変わらないものの、文書の体裁を支配者にあわせて変更していたのである。そして、提出する際の宛所は富岡役所とされた。

このように絵踏の呼称の相違は、宗門人別改帳といった行政文書にも反映されている。現存する島原藩預かり地であった宝暦十二年（一七六二）のものを見ると、「午年宗旨御《うまどししゅうしお》改《あらため》影踏帳《かげふみちょう》」であり、文政十年（一八二七）の長崎代官時代に作成されたものには「宗《しゅう》門《もん》御《お》改《あらため》踏絵帳《ふみえちょう》」とある。このように、たびたび支配替えが行なわれた天草では、そのつど宗門帳の表紙の体裁を変更していた。

天草代官時代の絵踏と影踏

戸田伊賀守忠昌から引き継いで、小川藤左衛門正辰が天草代官に就任する寛文十一年（一六七一）五月から、竹村太郎右衛門嘉茂が辞任する正徳四年（一七一四）六月までの絵踏についての詳細はわかっていない。天草代官が長崎奉行所へ踏絵《ふみえ》借用の依頼に赴き、絵踏を行なっていたと思われるが、それを確認できる直接的な史料は見当たらない。

ただし、島原藩の天和四年（一六八四）『日記』（島原市図書館松平文庫蔵）の正月十九日の項には、島原藩は大矢野組での影踏のために役人を派遣していることが記されている。

大矢野組とは、上天草にあたる上村（大庄屋）・登立《のぼりたて》村・中村・阿村・合津《あいつ》村・今泉村・楠甫《くすぼ》村・内野河内村・教良木《きょうらぎ》村で構成される行政区域である。ここに、島原藩側が役人を派遣して、影踏を行なっている。

寛文十二年に天草の砥岐組一三〇〇石が島原藩の預かり地となっている。これは三ヵ年に限る措置で、延宝三年（一六七五）にはそのかわりに大矢野組二六〇〇石を預ることになっている。これを受けて島原藩は役人を派遣して影踏をしていたのである。

正月中旬から下旬にかけては、島原藩内では影踏が実施されていた時期である。天草への影踏は、長崎奉行所から踏絵を複数枚借用できて初めて可能であり、貸与を認めていた島原藩に預かり地の天草島の大矢野組での影踏も委任していたのである。

預かり地時代の絵踏と影踏

天草での絵踏の実態について、片岡弥吉氏は、「旧暦三月頃、富岡から御本船といって役人を乗せた船がくると庄屋の家より触《ふれ》があり、村人らは衣服を正して庄屋の家に集まる。役人は通常「お殿さま」と呼ばれ、四、五人で庄屋に入る。役人は縁側で脇息《きょうそく》にもたれて腰かけ、役人は名ある人より順に従って絵を踏む」と紹介している（『踏絵―禁教の歴史』）。天草では役人たちが踏絵を持ちながら各組を巡回し、庄屋宅で絵踏を行なっている。その際、身分の高い者から順に絵踏をさせていたのである。

正徳五年（一七一五）以降、天草が日田代官や長崎代官、西国郡代、島原城主の預かり地というかたちで支配されるようになったことは、先にも述べたとおりである。

さて、預かり地である天草では、二月中旬から三月中旬にかけて行なわれることが多かった。例外的であろうが、文化十四年（一八一七）や文政三年（一八二〇）、同五年には正月下旬に実施されていることも確認できる。おおむね本領での絵踏や影踏が終わってから、天草へ出役することになっていた。

宗門改《しゅうもんあらため》は当初、単独で行なわれていたが、検地巡回にあわせて収穫前の状況を調査する「麦作見分《むぎさくけんぶん》」と兼ねるようになってきた。寛政年間（一七八九〜一八〇一）に天草での絵踏の時期が三月から四月へと移行したのは、麦作見分と兼ねたためである。本領役人を派遣するにあたって、効率的な行政手続として行われるようになった。

寛政十三年（一八〇一）四月十三日付の廻状を見ると、宗門改と麦作見分が同時に行なわれている。その後、麦作見分に代わって、「貯籾改《たくわえもみあらため》」を兼ねるようになるなど、遠隔地である天草では、宗門改と他業務を兼ねた合理化が図られるようになっていった。それは、本領の巡回役人はもとより、島内の村役人にとっても負担軽減につながった。

絵踏の規則については、組庄屋から各村庄屋衆へ宛てられた廻状（『天草大庄屋木山家文書』所収）によって知ることができる。島原藩預かりから長崎代官へと支配替えとなった文化十年（一八一三）の「覚書《おぼえがき》」には、「行違人《いきちがいにん》（絵踏のときに用事でいなかったもの）や病人、欠落人（逃亡したもの）があったら踏絵帳に付札《つけふだ》をすること」「数年来、絵踏の免除を受けていた者が戻ってきたら、そのときに一度踏ませたらよく、身代わりで踏ませてはいけない」と厳命している。

ここからは、身代わり絵踏が行なわれていた実態も浮かび上がってくる。

絵踏の巡回ルート

天草島内を巡回するにあたって首尾よく絵踏できるように、ある程度、規則だったルートが決まっていた。おおむね三形態があり、これをまとめたものが次に掲げる「絵踏巡回ルート」である。これは、『木山家文書』で確認できる絵踏や影踏の順番をまとめたものである。

基本的には東廻りルートを取っていた。また、起点は湯島か富岡となっており、湯島は島原天草一揆の際、島原側のキリシタンと相談していた島で、「談合島」とも呼ばれている。ここを起点に行なわれているのは、島原半島から渡船する際に立ち寄れる合理的な側面と、島原天草一揆の象徴的な場所でもあるため、一種のパフォーマンス的要素も含んでいた。なお、富岡は代官所があったからに他ならない。

東廻りルートを取っていた文化十一年（一八一四）正月十八日付の、会所詰《かいしょづめ》大庄屋から

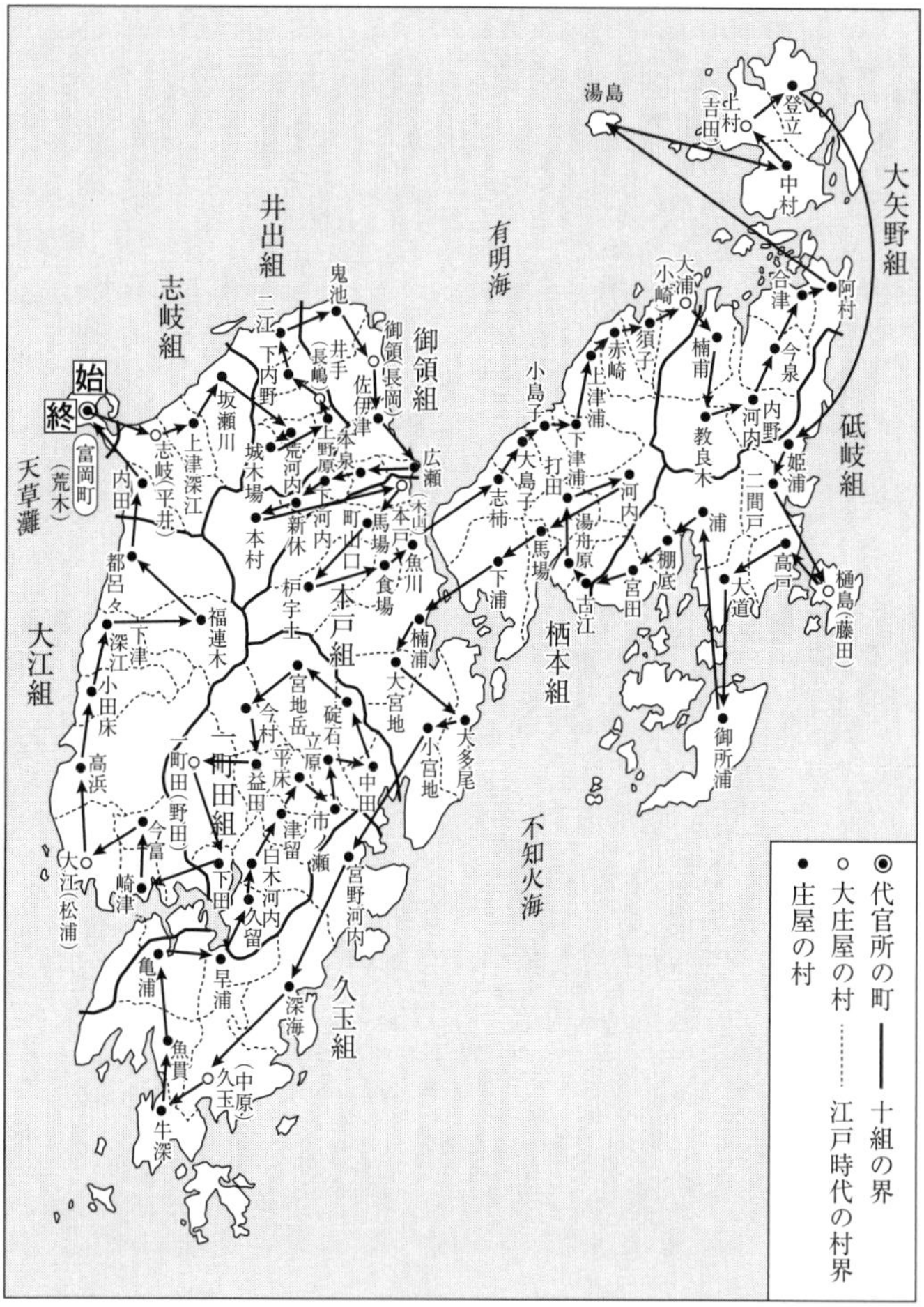

（東廻りルート，文化６年）

図20　天草島内の絵踏巡回ルート（『天領天草大庄屋木山家文書御用触写帳』第１巻，本渡市教育委員会，1997年をもとに作成）

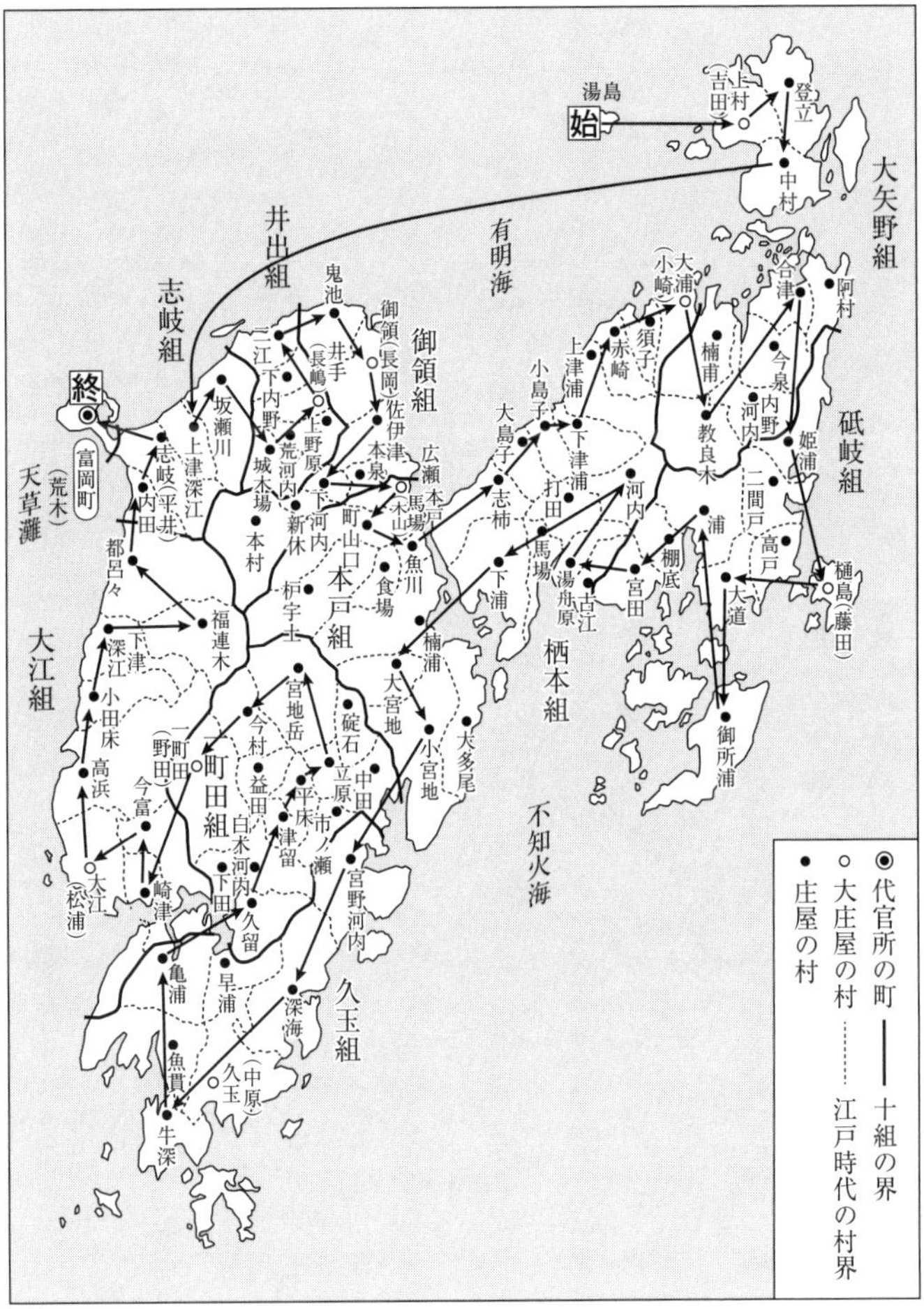

（北東廻りルート，文化７年）

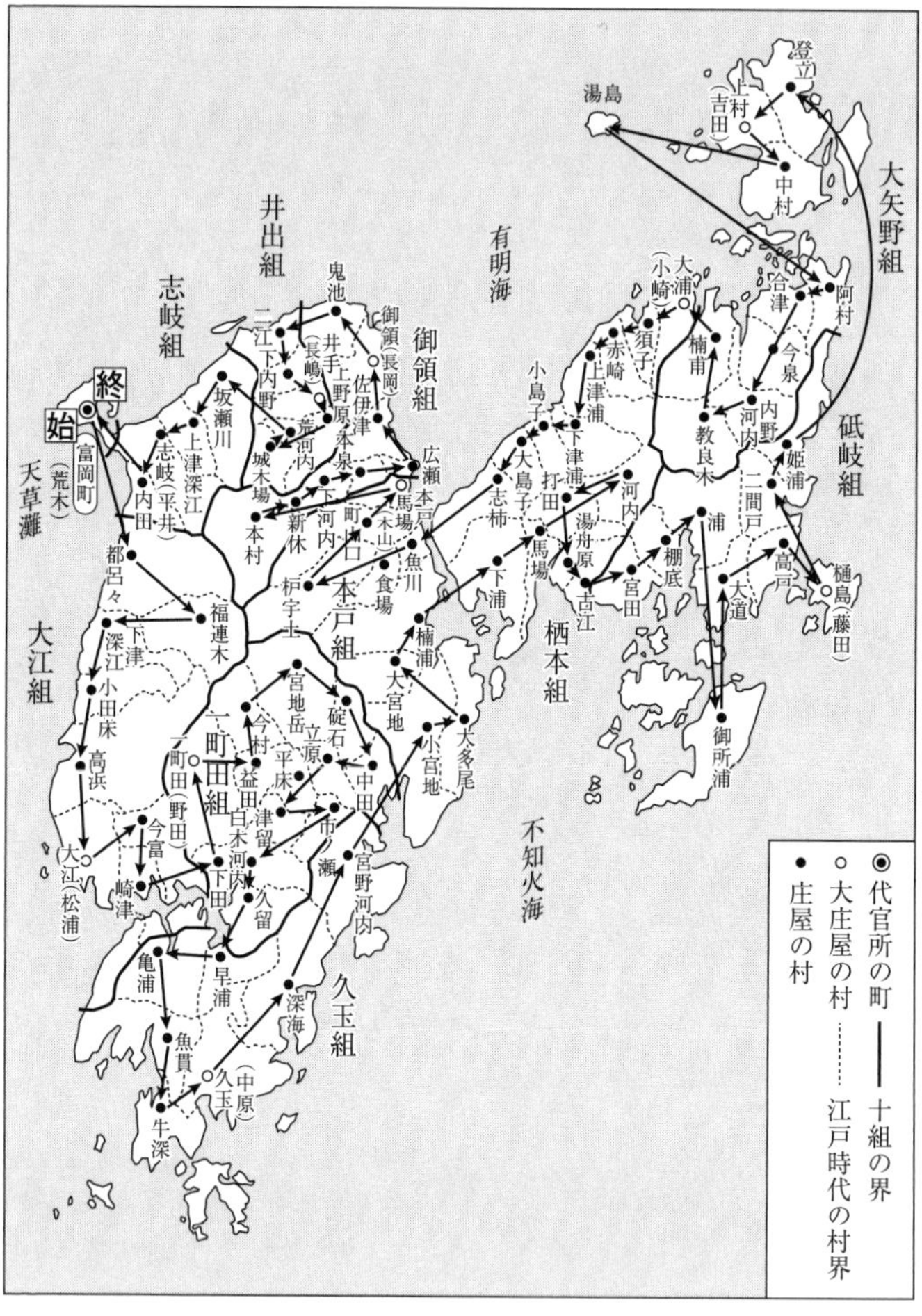
大矢野組
砥岐組
井出組
志岐組
御領組
有明海
天草灘
大江組
本戸組
栖本組
一町田組
不知火海
久玉組
始
終
富岡町（荒木）
湯島
◉代官所の町
○大庄屋の村
●庄屋の村
——十組の界
……江戸時代の村界

（西廻りルート，文政５年）

東筋組々大庄屋などに宛てられた廻状がある。二月十五日から始まる宗門改の先触《さきぶれ》だが、「例年のとおり手抜きしないように」と記している。そして、この先触のあとに、宗門改役人の廻村の道順を書いた「宗門方御廻村御順道触帳」が順達されている。宗門役人の接待も生じるため、受け入れる天草島の各村と連絡を密にして態勢を整えていた。

天保七年（一八三六）には、東廻りと西廻りを同時に行なっている。同じ二月二十四日から開始され、東廻りは三月六日、西廻りは三月四日に終わっている。このときは長崎代官が支配していた時期であり、二枚の踏絵で双方向から行なうことによって効率化を図ったのである。また、貯籾改とあわせて実施しているが、これは手続きの簡素化を図る目論《もくろ》見《み》があった。

絵踏での接遇

大庄屋から先触が各村に渡され、いつどの村で昼食を取るか、さらにはどこで宿泊するかが連絡されている。また、日延べしてしまう場合も、逐一、触を廻わしている。そして、絵踏を行なったあとに、その村で宿泊するか（踏泊《ふみどまり》）、宿泊した翌日に絵踏をする（落泊《おちどまり》）といった、正確な情報が先触で伝えられている。このように常に先触で順達されているのも、食事や迎え入れる庄屋宅の設えのためである。

文化五年（一八〇八）の木山家文書の書状には、「宗門方役人を出迎えるときは、一汁一菜にする」とされた。これは、宗門方役人を来客扱いしないことを示している。さらに、

「畳の表替えや障子の張り替えも不要」と伝達された。これまで、必要以上の接遇や準備が行なわれていたため、是正されたのである。宗門方役人には、贅沢なもてなしが常態化していたのであった。

天草崩れと影踏

島原藩が天草を預かり地としていた文化二年（一八〇五）に、天草島内の大江村・﨑津村・今富村・高浜村でキリシタン容疑のある五二〇五人の村民が捕らえられた。四村の人口が一万余人だったことから、全体の半分が捕らえられた大事件だった。この事件は、以後の幕府の宗門改に対する認識変更を迫るものとなった。天草では、前述のように支配の変遷はあったものの、毎年、絵踏や影踏が行なわれていた。にもかかわらず、この天草崩《くず》れと呼ばれる大量摘発は起こったのである。

実は、この天草崩れが起こる少し前の寛政十一年（一七九九）から、幕府による警告とも受け取れる動きが見られ、さらに、享和三年（一八〇三）には島原藩が目付《めつけ》と代官を派遣している。このとき、異宗信仰の噂を島原藩が直接知るところとなり、これを裏付ける信仰物が物証として押さえられていた。

さて、この文化二年に発生した天草崩れだが、検挙された者たちは「心得違《こころえちが》い」をしていたと認定され、キリシタンではなく先祖伝来の異宗を信仰していたと判断された。それは、キリスト教に直結する物証がなかったことが大きい。しかし、捕らえられた者のなかには、洗礼名を持っていたり、仏教の経文の効力を消す「経消《きょうけし》」の作法もあった。

その信仰形態は、これより約一五〇年ほどさかのぼる明暦三年（一六五七）に、大村藩郡《こおり》地方（長崎県大村市）を中心に起こった、大村郡崩れで検挙された者たちと、さほど変わらなかった。

話を天草崩れに戻すと、五〇〇〇人を超える島民を処罰することによるその後の行政施策の立て直しの困難さ、さらには、これまで特に問題を起こしていなかったという実態社会を優先した判断が下されたのである。なにより、キリシタンとは認定しない根拠として、彼らはこれまで毎年、絵踏や影踏を行なっていたことが挙げられた。絵踏をしていながらキリシタンを認めてしまうことは、幕府の禁教政策に矛盾を生じさせることになる。

天草崩れを機に、絵踏の実施は厳しくなり、人別改帳も異宗者とは別帳化が図られた。その結果、「異宗回信之者踏絵帳《いしゅうかいしんのものふみえちょう》」などが作成されている。これは、「心得違い」を認めた者に対して二度踏《にどぶみ》が行なわれていたことを示している。かつて作成されていた類族帳形式への回帰となったのである。

宗門方役人は、天草全域の村々を廻村して絵踏を行なっているが、事情により実施困難なこともあった。その一つに、島民が長崎奉公中で留守にしているときがある。天草からは、しばしば長崎に日雇奉公《ひやといぼうこう》に向かう者がいた。そうした場合、天草での絵踏ができないため、不在にするときは大庄屋まで届け出る必要があった。

絵踏の例外——天草島民が長崎で絵踏する

これにあたっては別に費用がかかった。文化十二年（一八一五）の会所詰庄屋から木山十兵衛に宛てられた「戌《いぬ》長崎奉公人踏絵入用割《いりようわり》」を見ると、本戸組では、長崎の奉公人に対して、一人三匁《もんめ》の費用を徴収している。このとき、本戸組から二人が長崎奉公に出ており、「帰り次第、支払わせるように」とある。免除された者に対する代替措置として、入用銭《にゅうようせん》が支払われたのであった。

天草の高浜村庄屋を務めた上田宜珍《うえだよしうず》が、文政六年（一八二三）に著した『天草島鏡《あまくさしまかがみ》』にも、長崎奉公人の絵踏（影踏）について記してある。ここには、長崎の南東部にあたる茂木《もぎ》（長崎市）で奉公人たちが影踏をしていることが示されている。茂木は寛文八年（一六六八）以降、天領となり長崎代官支配地となっている。ここには庄屋が置かれていたが、長崎へ奉公に出ていた天草島民には、帰島させず茂木での絵踏を行なっていたのである。しかし、これには、大庄屋から事前の届け出を必要としていた。

また、流行病により、村ごと巡回ルートからはずれることもあった。その代表的なものが疱瘡《ほうそう》（天然痘《てんねんとう》）で、感染の度合いによっては、複数の区域にわたって絵踏を免除されるなど、特例措置もとられていた。

絵踏の例外——流行病の発生と絵踏免除

たとえば文化五年（一八〇八）の宗門改では、湯島と中村、上村、登立村（熊本県上天草市）に疱瘡が流行したため、これらの村は免除となっている。当時の大矢野組にあたり、湯島を含めて、上天草域で流行した疱瘡の広まりを抑え、島内での蔓延を防ごうとした措置である。

宗門改の徹底が幕府により指示されている一方で、現地では例外事案も生じており、地域行政レベルで臨機応変に対応されていた。絵踏に伴う二次的被害を防ごうとしたのであり、禁教よりも実態社会を優先したのである。

絵踏の状況

当初、厳粛に行なわれていた絵踏も、幕末期になると、その姿を変えてくる。西国郡代が支配にあたっていた万延元年（一八六〇）閏三月十一日の『木山家文書』を見れば、形骸化している絵踏の実態をうかがい知ることができる。

それによると、これまで宗門改のときには、役場の庭先で小間物や食料品などを持ちよった商人たちが集まり、商売していたことが多かったようである。この状況を受けて、今回の人別改は、格別かつ厳重に実施するように求められている。さらに、「商人らが付近で商売していたら混雑するので、商人たちとも相談したうえで控えさせるように」と付言している。

これは、会所詰大庄屋から各組の大庄屋、そして村の庄屋に申し渡された。宗門改のときには、絵踏するために多くの人の行き来があった。これを目当てにした商人たちによる立ち売りがなされて、一種の商業圏を築いており、既得権益にもなっていた。絵踏のときの賑わいは常態化していたともいえ、これを改めさせたのである。天草でもイベント化していた実態が浮かび上がる。

絵踏の最後

安政五年（一八五八）、長崎で絵踏が廃止された。天草には、万延元年（一八六〇）に絵踏中止の指示が出されている。預かり地の天草では、長崎奉行所から踏絵を借用しなくてはならず、それがかなわなかったことが廃止の直接的な理由であろう。そのため、先に挙げた宗門改の厳格化は、廃止に伴う措置だったのである。

宗門改の変化

絵踏が廃止されたとはいっても、依然として禁教政策は維持されている。そのため、天草でも、キリシタンは以前からのとおり禁制とすることを念押しされている。各村に巡回する役人を、これまでどおりに派遣しており、島民には「村中の男女は残らず集まり、宗門改を受けるように」と伝えられた。「他国へ行っている者があれば、宗門改の前に呼び戻すように」と厳命している。

宗門方役人に対しても、「これまでのとおり、村役人宅、もしくはしかるべき場所に村人を呼び出すように」と従来の職務を求めている。そして、面前で宗門帳の名前を村の筆者役に読み上げさせ、まず戸主から帳面の前で一礼させたうえで、押印もしくは爪印《つめいん》（印鑑の代わりに親指の爪先に墨をつけて押す印）を押させる。これが終わると、家内の者たちが順に目礼したうえで改めを受けるが、戸主はそのまま残り、改め証文を読み、これまでのとおり教諭を受けることとなっていた。

絵踏を行なわなくなったことから、宗門改帳の体裁も変化する。つまり、「踏絵」や「影踏」という文言が消失したのである。このときに、雛形（見本）としてまわってきたものには、「宗門御改証文」や「宗門人別御改帳」「流人《るにん》宗門御改帳」「家番人宗門御改帳」「病人宗門御改帳」といった表紙が添えられている。

それぞれ、別帳立ての宗門改帳がつくられるようになったが、それは、キリシタン禁制が継続していたからに他ならない。絵踏廃止に伴うキリシタンの蔓延を危惧し、従前と異なる宗門改を実施した。宗門帳の前書にも、「毎朝、伊勢神宮の祓《はら》いを尊ぶこと」や「邪宗門信仰の者を隠匿すれば、親類や五人組、村役人に至るまで厳科に処す」と記されている。絵踏廃止に伴って、その代替的な手段が行なわれるようになったのである。

〝辺境の地〟五箇荘で絵踏を行なうには

五箇荘の支配の移り変わり

今日でも平家の落人の里として知られる五箇荘《ごかのしょう》（五家荘、熊本県八代市東部）は、江戸時代初頭には熊本藩領であったが、十七世紀後半に天領となり、天草《あまくさ》代官の支配となったため（後述）、絵踏《えふみ》で代官所から五箇荘へ赴くのは、ほとんど〝辺境の地〟へ行くようなものだった。

『肥後国誌《ひごこくし》』によれば、椎原《しいばる》・久連子《くれこ》・樅木《もみぎ》・葉木《はき》・仁田尾《にたお》の五つの集落があり、菅原《すがわらの》道真《みちざね》の子息、左座《ぞうざ》太郎と次郎の子孫、平　清経《たいらのきよつね》の曽孫の緒方盛行《もりゆき》と近盛《ちかもり》、実明《さねあき》の子孫が地《じ》頭《とう》として支配してきたといわれる。

その後、阿蘇家、加藤家、細川家の支配を経て、熊本藩時代には、従来の地頭が大庄屋待遇となって統括するようになる。しかし、貞享二年（一六八五）に地頭の座を巡って訴訟が起こり、八代城代松井直之《まついなおゆき》の仲裁も不調となると、幕府の裁断により、貞享五年に天草代官支配となっている。これ以降、天草の支配変遷と連動しながら、行政手続が行なわれた。

慶応四年（一八六八）以降の五箇荘の行政区画は、長崎裁判所、富岡県、天草県、長崎府、長崎県と所轄が転々とする。天草代官支配となって以降、熊本藩とは一線を画した地域である。先に触れたように、絵踏のときは天草から五箇荘まで赴かなくてはならず、その行程をつづった紀行文もつくられている。

五箇荘までの行程

五箇荘が天草の支配形態と連動したため、天草代官所詰になった役人は五箇荘の管理監督を負った。影踏《えいふみ》《かげふみ》や絵踏のときも、そのつど役人を派遣している。島原藩が天草を預かり地にしていたときには、島原藩から五箇荘へ役人を派遣して影踏を行なっていた。

天草が長崎代官の預かり地だった時代に、絵踏を担当した内藤子興《しこう》という人物が『五箇荘紀行』（国立公文書館蔵）を残している。内藤子興は長崎代官所から派遣された役人で、巡回した天保七年（一八三六）に五箇荘までの道中や集落の様子を、図版をまじえながら紀行文としてしたためた。冒頭に「五箇は小桃源なり」とあり、天草とも異なる別世界への役務に困惑している様子が看取される。

内藤は、まず天草島内で絵踏を行ない、これが終わったのちに、五箇荘へ向けて出発した。三月二十六日の朝、代官所の富岡陣屋《じんや》を吉祥丸で出港し、二江と通詞島とのあいだを通過し、柳の浦（大矢野）で宿泊した。翌日早朝出発し、八代に到着。隈本往還から早尾村（氷川町）、北種山村で宿泊、さらに柿迫村を経て岩奥村で一泊し、久連子村庄屋の緒方信太に出迎えられている。

海路と陸路で天草から五箇荘まで向かい、道中、いくつもの橋を渡っている。山間部ゆえの苦労もあり、内藤子興は苦慮した気持ちをつづっている。天草を支配するものにとって、まさに〝苦役〟となっており、大きな負担だった。

絵踏の時期と寺請制

『五箇荘紀行』が記された天保七年（一八三六）は、天草では東廻り・西廻りの絵踏が二月二十四日から行なわれ、三月六日に終了している。そのあとの三月二十六日に五箇荘に向かっている。熊本と五箇荘の途中に、久連子村庄屋の緒方信太が人夫を連れて迎えに来ている。

四月一日に久連子村に到着した内藤子興は、庄屋の緒方信太宅に到着すると、さっそく絵踏を開始している。翌日には、雨が降っていたため、止むのを待って再開している。三日に椎原村に到着、庄屋緒方大部宅で宿泊。四日には、樅木村に向かい、庄屋左座慶太宅にて宿泊。五日朝から絵踏を行なった。その日のうちに葉木村に移り、庄屋緒方求馬宅に泊まり、翌日に仁田尾村に入った。

宗門改にあたって五箇荘へ派遣されたときのことを、村次常真が、安政二年（一八五五）正月に『肥後国五ヶ荘図誌』として記している。これによれば、五箇荘の住民のすべては、肥後熊本の一向宗順正寺（熊本市中央区）と、野津《のづ》にある勝専坊《しょうせんぼう》（八代郡氷川町）の二ヵ寺の檀家《だんか》だったようである。檀那寺《だんなでら》の僧侶は、四月に行なわれる絵踏のときは、仁田尾村まで来ることになっていた。

庄屋宅で行なわれる絵踏

絵踏は庄屋宅の庭前で行なわれた。宗門改役は畳部分に着座し、縁側に宗門人別改帳《しゅうもんにんべつあらためちょう》を作成する者が配された。踏絵《ふみえ》の下には莚《むしろ》らしきものが敷かれ、順番に列をなして踏ませている。裸足《はだし》で両足をそろえて踏絵の上に立たせ、これをもって絵踏の確認がされた。

五箇荘の者たちにとって、絵踏は厳粛に受け止められていたようである。村内の男女は、ふさわしい服装をしていた。内藤子興はとりわけ女性に着目しており、幅三四寸の細帯を腰のあたりで結び、老婆は島田髷《しまだまげ》、小女は勝山髷《かつやままげ》をしていたと記す。島田髷は未婚の女性、勝山髷は既婚の女性が結うことが多かった。五箇荘では、正装して絵踏にのぞんでいたのであろうが、そこには緒方家などを筆頭とする地域社会による統制が取れていたあらわれでもあった。

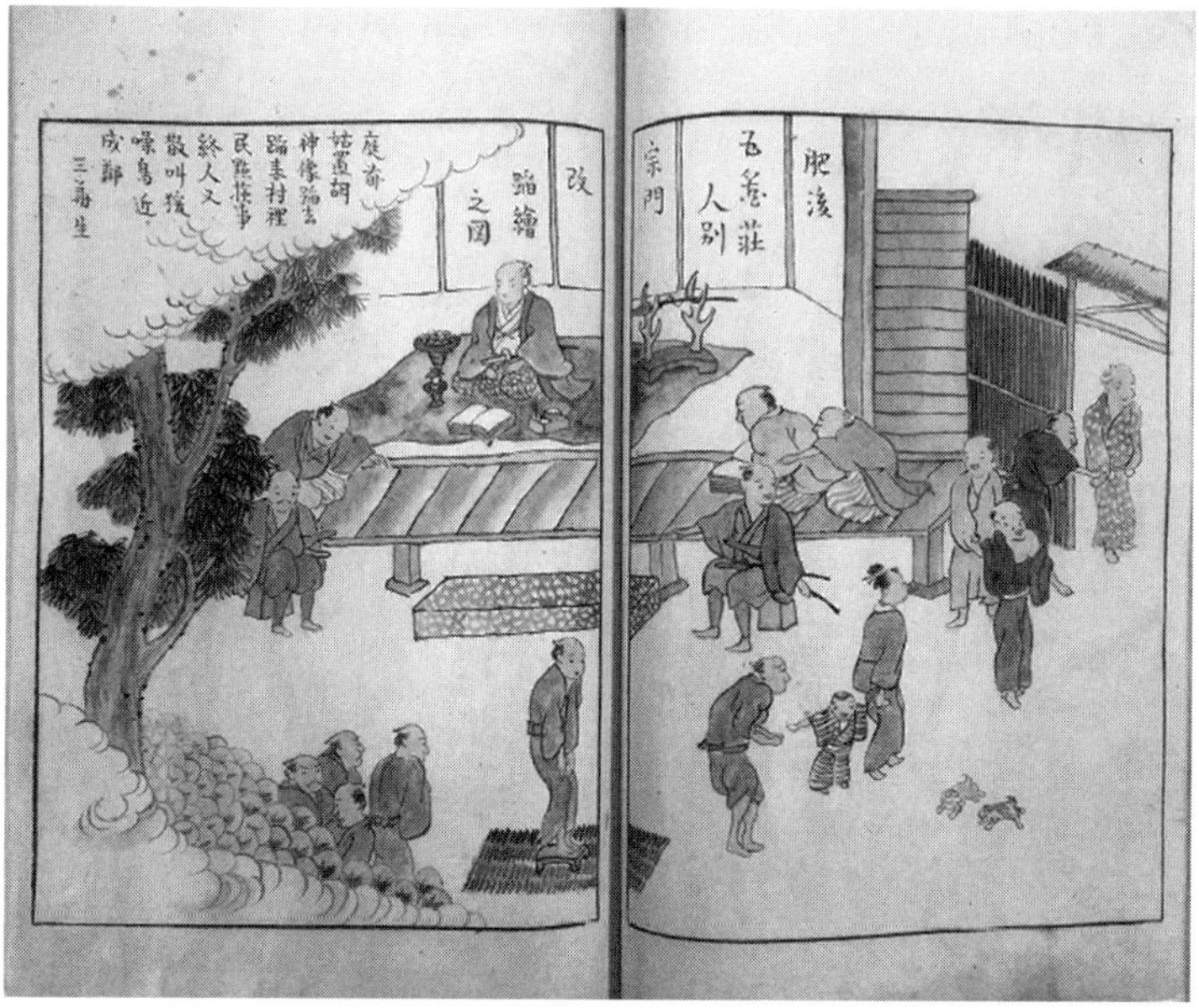

図21　五箇荘の庄屋宅庭前で行なわれた絵踏（内藤子興筆
『五箇荘紀行』より，国立公文書館所蔵）

一方、絵踏を行なう役人側には、絵踏を行なう緊張感は薄かったものと思われる。内藤子興はこの書物のなかで、「朝遅く起きて五箇荘踊りを見物して椎原村に向かった」とか、大木の枝を伐採する木おろしを見物している。内藤子興は五箇荘を物珍しさも相まって見聞をしている感がある。遠く離れた五箇荘の地でも、絵踏は確実に行なわれていたものの、その実態は幕府が思い描いていたものとはかけ離れていた。

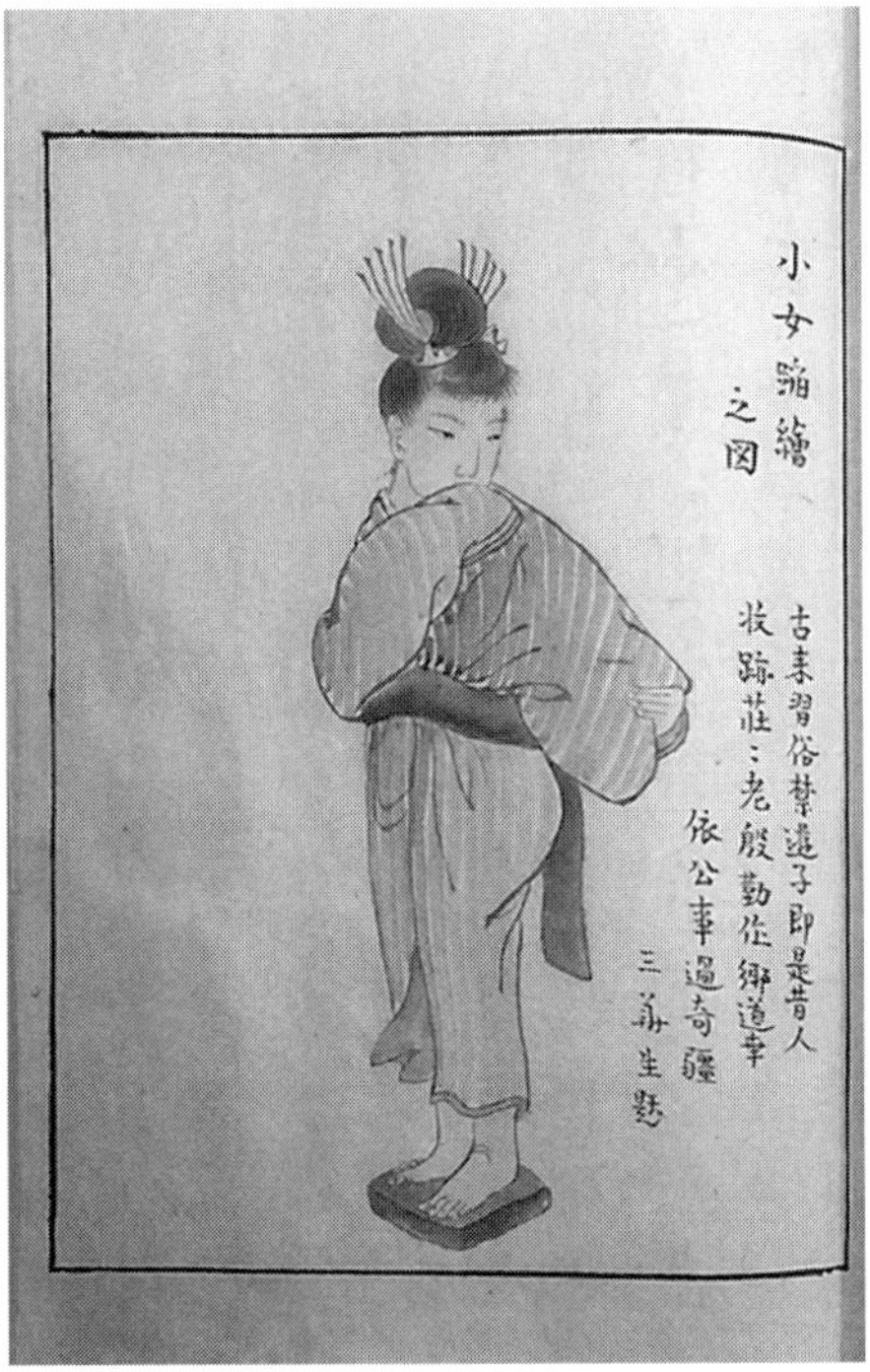

図22　絵踏を行なう女性（同より）

外国人と踏絵

絵踏は海外でどのように紹介されていたのか

日本に訪れていた外国人にとって、踏絵《ふみえ》そのものが珍奇なものであり、それを踏む日本人を蔑視していたようである。そのため風刺的にとらえられたり、物語の素材としても取り上げられている。

『ガリヴァー旅行記』にも記された日本の絵踏

スウィフト著『ガリヴァー旅行記』（一七二六年）に、ガリヴァーが絵踏《えふみ》をめぐって、日本人役人とやりとりする様子が描かれている。日本のサモシと呼ばれる港町に上陸したガリヴァーは、オランダ人と詐称して皇帝（将軍）との謁見を果たす。その際、十字架上のキリスト像を踏む儀式を免除してもらいたいと申し出ている。これに対して将軍は驚いた様子で、「絵踏を躊躇《ちゆうちよ》したオランダ人を初めて見た」といい、オランダ人かどうかも疑わしく、キリスト教徒に違いないと思われた。結果として、絵踏は免除してもらい、その後、身柄は「ナンガサク」（長崎）へ送られ、オランダ船に引き渡されている。

『ガリヴァー旅行記』は、日本人に親しまれている物語だが、この三篇には右に記した絵踏の場面が収められている。ガリヴァーが上陸した一七〇九年の設定の話で、江戸を舞台にした絵踏の儀式をめぐる描写は、スウィフトによる創作である。オランダ人は絵踏をしていたとして物語は展開され、これを拒否したガリヴァーを対極に位置付けている。将軍との謁見を前に繰り広げられるやりとりを、スウィフトが絵踏で演出しているのである。

外国人による日本人絵踏の紹介

絵踏は、日本人はもとより、オランダ人や中国人にも強要したと記している外国側の文献が数多くある。日本人の絵踏については、『バタヴィア城日誌』（一六四四年）やモンタヌス著『日本誌』（一六六九年）、ケンペル著『日本誌』（一七二七年）、ツュンベリ著『ヨーロッパ・アフリカ・アジア旅行記』（一七九四年）などで取り上げている。これらはその一部にすぎないが、このなかでも、ケンペル著『日本誌』には次のようにある。

すべての老若男女の住民の人別帳《にんべつちょう》が完成した後、これは通常年の終わり頃であったが、別の厳粛《げんしゅく》かつ重要な行為だと彼らが考えることが新年の初めに行なわれた。それが踏み絵である。即ち、厳密な意味で、聖像踏みである。なぜなら、彼らは永久にキリストと彼の宗教を棄てるという確実なまた疑いようのない証拠として、十字架上に身を置いた我らが救い主の像と、聖母像、又は他の聖人像を踏んだからである。

これは、長崎での絵踏について触れたものであり、比較的正確にとらえている。ケンペルは、元禄三年（一六九〇）にオランダ商館医として出島《でじま》に約二年間滞在し、商館長の江戸参府にも同行した。その滞在期間から判断して、彼が紹介した踏絵は、真鍮《しんちゆう》踏絵ということになろう。「踏み絵」とは「聖像踏み」という的確な説明には、幕府が行なっていた絵踏の蛮行さが強調されている。そして、絵踏することがキリシタンではない証明となっていた実態を伝える。

また、商館医として安永四年（一七七五）から一年間、日本に滞在していたツュンベリの著書『ヨーロッパ・アフリカ・アジア旅行記』には、絵踏に対して感情的な部分も見受けられる。「十字架像や聖母子像を表すような像を踏む恐ろしい儀式が行なわれた」という記載からは、絵踏に対する嫌悪感とともに、「十字架や聖母子像を表すような像」という、踏まされていたのが聖具ではないことを主張している。ツュンベリは、これを儀式として認識しており、その目的も、キリスト教義を広めようとするポルトガル人を恐れ、忌み嫌う気持ちを皆に強く植え付けること、そして日本人のなかにその教義が残っているかを見つけるために行なわれている、と正確に理解している。絵踏を通じて、日本人のキリスト教に対する認識をとらえつつ、否定的にこれを伝えているのである。

これ以外にも、漂流民たちから絵踏のことが伝えられることもある。かつて、日本と交易があった交趾《コーチ》（ベトナム）にも、絵踏のことは伝えられている。張登桂《チユオンダンクエ》が、一八一五年に暴風で日本に漂着して帰国した五人のベトナム兵の話をまとめた『日本見聞録』（一八二八年）のなかで触れられている。

日本人の容姿や都市の様子、行政制度や軍事制度などに触れ、長崎の役所で「四角の銅器の上に人形を陽刻したものを踏まされた」と記している。真鍮踏絵を踏まされた事実を聞き書きしており、漂流して日本に渡ったときの内容が口伝《くでん》でもたらされたのである。

オランダ人の絵踏の伝聞

一方、日本（長崎）に来た外国人の絵踏については、特にオランダ人の記載が数多く見られる。たとえば、サルマナザール著『台湾誌』（一七〇四年）には、日本に来たすべての外国人は、キリスト教徒であるかどうかを、十字架上のキリスト像を踏むやり方で調べたと記している。さらに、オランダ人が皇帝（将軍）に忠告して、キリスト教徒が崇拝する十字架上のキリスト像をつくらせて、すべての外国人に踏ませて確認したとある。つまり、絵踏は、オランダ人が考案したという説をあげている。

クラッセ著『日本教会史』（一七〇七年）には、カトリックとプロテスタントの相違から記されている。ここには、将軍の命によりすべての外国人が日本から追放された。しかし、オランダ人は、神父やカトリックを敵視しており、十字架上のキリストや聖人の絵というカトリック教徒が崇拝しているものを踏みつけたことから、追放を免れたとある。

このようなオランダ人の絵踏の実態が紹介されている一方で、ペリー著『日本遠征記』（一八五六年）にはこれとは異なる記載がある。

オランダ人と接触する日本人の役人は、一年に二、三回キリスト教を棄教し、嫌という厳粛な誓いをたて、足の下で十字架や十字架上のキリスト像を踏むのである。しかし、従来言われているように、オランダ人もこの行為をすることを要請されたというのは事実ではない。しかし、彼らは、自分達はキリスト教徒であるとは公然とは言わないのである。

ペリーとは、いうまでもなく、嘉永六年（一八五三）に浦賀《うらが》に来航した人物である。彼は、日本人の絵踏を紹介しているのにあわせ、従来からいわれているオランダ人の絵踏を否定している。

オランダが日本との貿易を独占している状況は、他の西洋諸国にとっては、好ましいものではなかった。そのため、日本との通商関係を西洋国で唯一構築したオランダは、日本人が行なっている絵踏をしていたからと結びつけたのである。サルマナザールやクラッセの両人がフランス人であることを考えれば、このような見方をしても不自然ではない。

当時のアメリカとオランダとの関係性から考えても、ペリーの『日本遠征記』の記載は信憑性が高く、彼がオランダ人を擁護する必要性もない。日本を開国に至らせたペリーは、むしろ偏見なくオランダを見ている。サルマナザール著『台湾誌』は虚偽や捏造が認められたこともあり、史実とは断定し得ない部分も大きい。

それでは当時、幕府は外国人、とりわけ貿易相手国であった中国とオランダに対して絵踏を強《し》いたのか。日本側の史料に基づき見ていきたい。

絵踏を強要された唐人とされなかったオランダ人

外国船入港時の絵踏

貿易船が長崎に入港すると、いくつかの手続きを経て上陸となる。この手続きは、唐船《とうせん》とオランダ船では異なる点もあり、絵踏《えふみ》はその一つだった。

唐船やオランダ船は、長崎港に到着すると着岸することなく、沖合に投錨して碇泊する。そこに、長崎奉行所から町使や船番といった地役人《じやくにん》をはじめ、オランダ通詞《つうじ》や唐通事《とうつうじ》が派遣され、通商許可書である信牌《しんぱい》の確認をはじめ、船内の状況を把握し、役人たちによる尋問が行なわれた。

唐船が入港して丸荷役《まるにやく》（長崎貿易品の陸揚げ）が行なわれると、唐船へ検使が送られる。このとき、用人《ようにん》一人、給人二人をはじめ、唐通事らが本船へ乗り込む。これに先立ち、唐通事は奉行所広間に呼び出され、このときに使用する踏絵《ふみえ》を渡されている。つまり、長崎

図23　丸荷役（『長崎名勝図絵』巻２下より）

に上陸する前に、唐通事の立ち会いのもとで、唐人に絵踏を行なっていたのである。

船中ではまず、唐通事から唐人たちに日本の法度《はっと》を読み聞かせる。日本滞在中は幕府法の遵守《じゅんしゅ》を誓わせたのである。特にキリシタン禁制は必ず伝えられており、これにあわせて乗組員の人別帳をもとに、一人ずつに絵踏をさせて人数改を行なった。これが終わると、積載物などが検査される。薬種目利《やくしゅめきき》や鹿皮目利、反物《たんもの》目利などといった数十人の地役人が乗り込み、運び出された。

一方、オランダ船の場合は、碇泊した本船に検使が乗り込み、オランダ人の人別改《にんべつあらため》が行なわれる。このとき、乗組員書をオランダ通詞に差し出し、検使のうち一人は人別改のためにオランダ船に残り、もう一人はオランダ船の石火矢《いしびや》（大炮）の薬改《くすりあらため》をして、別船に積んで稲佐（長崎市旭町）の塩硝蔵《えんしょうぐら》（鉄炮弾薬貯蔵庫）に運び入れる。入港翌日に、宿継《しゅくつぎ》で老中や宗門奉行たちに連絡を入れている。荷役初日、船中にいるオランダ人たちへカピタン（商館長）から日本の法度が伝えられ、一人ずつ呼び出し、名前や年齢を確認する。これが終わると上陸することになるが、一貫して絵踏は行なわれていない。

これについて、文政三年（一八二〇）から同十二年まで日本に滞在した商館員フィッセルは、『日本風俗備考』のなかで次のように述べている。

日本ではオランダ人たちに対しては、いまだかつて、キリスト受難の像や処女マリアの像を嘲ったり、それを踏んだり唾をはきかけたりすることを、要求されたことはない。（中略）このことに関しては多くの書物の著者にていろいろと書き記されているが、それらのことはすべて単なる嘘と中傷にすぎない。

とあり、オランダ人への絵踏が実施されたことはないと断言している。

上陸する前に、キリシタン禁制を含む日本の法度を申し渡すことは、唐船とオランダ船に共通した手続きである。あわせてキリシタンの書物や器物、毒薬などの有無が調べられ、もしこれらの品が含まれていたら焼き捨て、さらに、今後の渡海禁止が申し渡されることになった。キリシタンに関する書籍は、儒学学問所である長崎聖堂の向井家、および春《しゅん》徳寺《とくじ》が調べることになっており、厳重な検査が行なわれていたのである。

一方、唐人は絵踏を強要されたのに対して、オランダ人は免除されているなど、両者間では相違があった。本来、必要と思われるオランダ人への絵踏だったが、幕府はそれを強要しなかった。つまり、穏便な通商関係を維持するうえで、島原天草一揆《しまばらあまくさいっき》へ参戦した事実をもって、幕府法令遵守を申し伝えるのみにとどめたものと思われる。

貿易品の不正

当時、貿易品にキリスト教に関係する書籍などが含まれていた場合、厳しく処分されている。それは、禁教に抵触する行為であるからに他ならず、長崎貿易での輸入品を目利、向井家や聖徳寺の書物改役が検閲していた。故意ではないにしても、禁制品が持ち込まれたら、今後の日本への渡海を禁じられている。実際にあった元禄八年（一六九五）に長崎入港した十六番南京《ナンキン》船の事件を見てみよう。

この船が積載した書物に、『帝京景物略』全八巻が含まれていた。これには、北京《ペキン》の土地や風景、寺院、旧跡などが記されているが、第四巻には天主堂（教会）、第五巻に利瑪《リマ》竇《トウ》の墓が載っていた。利瑪竇とは、中国で活動したイタリア人のイエズス会士マテオ・リッチの中国名である。利瑪竇の葬儀のことやキリスト教の功績など、いたるところにキリスト教に関する記載が見られた。また、利瑪竇の著書『天主実義』は、日本に持ち込んではいけないと以前から言い渡されていたが、この内容が書かれていたことも発覚する。

これを受けて、南京船乗組員への事情聴取が行なわれることになった。彼らは、書籍名から判断して問題ないとして積載し、その内容までを確認していなかったと述べた。故意ではない証拠として、唐人たちは日本禁制品を持ち込んでいないことなどの誓詞や書籍の大意書などを提出している。長崎奉行所は『帝京景物略』の持ち主である費計庵をはじめ、船頭ら主要人物を何度も呼び出して聴取し、絵踏を申し付けている。キリスト教に関連する書籍を持ち込んだときは、あらためて関係者に絵踏を求めているのである。

結果、絵踏をさせてキリシタンではないこと、そして、『帝京景物略』も不注意から持ち込まれたと認定された。そこで長崎奉行は、十六番南京船の乗組員を奉行所に召喚し、彼らの眼前で『帝京景物略』を焼き捨てた。そして、費計庵と船頭に対して、今後の日本渡海の禁止を申し渡したのであった。

中国に伝わった日本の絵踏

唐人は長崎に上陸する前に絵踏を行なっていたことと、唐船が漂流した際には、長崎に送られ、同様に絵踏の手続きを経ていたことから（後述）、日本で行なわれていた絵踏のことは、中国でも知られていた。

このことは上級役人も認識しているところであり、浙江《せっこう》総督で塩業監督にあたった李衛《りえい》（一六八六〜一七二四）は、雍正八年（一七三〇）に著した『改天主堂為天後宮碑記』のなかで、次のことを記録している。

今日の日本の港には、銅で鋳造された礼拝する天主像（キリスト像）が置かれている。日本に上陸するためにはこれを踏まないと許されず、日本では必ず行なわれる作法として紹介している。そのうえで、イエスは天主であるにもかかわらず、多くの人から踏みにじられても、我々に何も起こさなかった。つまり、イエスは人に災いや幸福を与えることができない存在である、とする。

清の雍正帝《ようせいてい》（在位一七二二〜三五）は、キリスト教禁教令を発布し、中国国内は反キリスト論が盛んとなっていた。こうした状況のなかで記された『改天主堂為天後宮碑記』には、李衛の反キリスト教思想が反映されている。日本の港口には踏絵が置かれているという多少の誤認はあるものの、日本の絵踏の事例をもって、キリスト教の無益性を主張し、さらに神聖性を否定している。

また、南沙三余が著した『南明野史』（一九二九年）にも、日本に踏絵が導入された経緯が紹介されている。ここには、天主教が西洋から日本に入って反乱が起こった。そこで、日本政府は兵隊を派遣して鎮圧した。これ以降、銅板の天主像を鋳造し、人びとに踏ませているとある。島原天草一揆の発生を受けて幕府軍がこれを鎮圧したこと、そしてこれ以降、真鍮《しんちゅう》踏絵が鋳造され、これを踏ませるようになった、と紹介している。時間的差異が見られるものの、おおむね日本の絵踏の状況が把握されていたことがわかる。

中国で実施された絵踏

乾隆十三年（一七四八）には、絵踏に相当する行為が、蘇州《そしゅう》で行なわれていた。神父の黄安多と譚方済が逮捕されたことをきっかけに、信者たちも囚われの身となった。そのとき、教会から没収したキリスト像や聖母像をそれぞれ彼らに踏ませたという。拷問を受けて立つことさえもままならなかった黄安多は、役人に抱えられながら踏まされそうになると、激しく抵抗している。他方、一般信者はその命に応じて踏み、棄教した者もいたようである。

また、嘉慶十六年（一八一一）、貴筑（現在の貴陽）では、キリスト教徒の顧占鰲が捕えられ、拷問にかけられた。このとき、役人から十字架を踏み、キリスト教に入信したことを悔いて改宗したならば罪を赦して帰宅させるが、受け入れなければ、絞首刑にすると言い渡されている。顧占鰲は十字架踏みをかたくなに拒んだが、最終的には踏まされ、「永遠監禁」という処分が言い渡されている。

その後、道光十九年（一八三九）にも、捕われた信者が十字架を踏み、釈放されている事例がある。十字架を踏むことが罪を赦される条件とされ、もし、踏まなくても永遠監禁や流罪（新疆の伊犁へ追放）となっており、死刑となることはなかった。

十字架踏みとは少し形態が異なる「跨越《こえつ》十字架」というものもあった。これは、嘉慶二十二年の山西《さんせい》省上奏書のなかにあり、背教の証拠として行なわれていた。キリスト教徒として捕えられた張成虎などは、役人たちの目の前で十字架を跨《また》いでみせ、これにより棄教したと認められ、保釈されている。これは、山西省役人から嘉慶帝《かけいてい》へ報告されていることから、清朝公認の行政手続だった。踏む行為に准じる跨ぐ行為も、背教の証拠とされたのであった。

各省で用いられた十字架の種類は異なっていたようだが、湖北省《こほく》の十字架踏みでは、信者から没収された聖像画や十字架が使われていた。また、地上に描いた十字架が背教確認で使われることもあったようで、日本とは異なる絵踏の実態があった。しかし、これも南京条約（イギリス、一八四二年）や望厦《ぼうか》条約（アメリカ、一八四四年）、黄埔《こうほ》条約（フランス、一八四四年）によって禁教解禁となるにあわせて行なわれなくなっていく。

一方、貴州《きしゅう》では、同治八年（一八六九）から同十年までの間で起こった反キリスト教運動である「仇教《きゅうきょう》運動」のなかで、跨越十字架をさせ、背教書も書かせていることが確認できる。つまり、清朝としては、十字架踏みも跨越十字架も条約締結により廃止したものの、民衆運動の一環として、かつての跨越十字架などが行なわれていたのであった。

漂流民への絵踏

日本人漂流民の場合

日本人が漂流し、外国船に救助されて帰国することがある。漂流は、国外に出るばかりか、キリスト教信者である外国人と接するために、寛永鎖国令に抵触する行為だった。一般的には故意ではないことが多いため、漂流民は普通の犯罪とは異なる対応が取られた。漂流民は長崎に送還され、長崎奉行所では、引き取りにあたっても、規則に従って漂流の経緯はもとより、船内状況に至るまで、綿密な取り調べを行なっている。

漂流民への対応が確立したのが、貞享二年（一六八五）に南蛮船が、一二人の日本人漂流民を連れて長崎に入港してきたときである。この漂流民は、天川《あまかわ》（マカオ）に逗留していたところを、南蛮船に乗船して日本へ連れて来られた。上陸にあわせて衣類などが改められて、特に問題がないと判断されると、牢屋内の揚屋《あがりや》に入れられている。揚屋とは、武士や僧侶、神官などの罪人を収容する場所であり、町人や村人を拘束する牢棟とは別のものである。漂流民は、身分を問わず揚屋に入れられた。それは漂流を、一般罪囚とは異なる犯罪と位置付けていたためであろう。そして、漂流民には、上陸後に一人ずつ絵踏《えふみ》が申し付けられており、あらためてキリシタン穿鑿《せんさく》が行なわれたのであった。

さらに、船中での様子も尋ねられ、南蛮人からキリスト教について話があったかどうか、勧められなかったかの質問を受けている。これに対して漂流民たちは、いっさい言葉が通じないために何を話しているのか、まったくわからなかったと答えている。長崎奉行所では、逗留中の状況を把握し、キリスト教との接触を模索している。

漂流民を取り調べた内容は、すべて長崎奉行から江戸へ上申された。長崎のいわゆる在崎奉行から在府（江戸）の長崎奉行へ報告され、幕閣内で協議されている。そして、老中からの下知状《げちじよう》（命令書）を得るまでのあいだ、漂流民たちは揚屋で拘束された。その後、一二人の漂流民は、キリシタンとは無関係であることが確定し、生所へ戻されている。

このときの漂流民の手続きが先例となり、以降、これにならって対処した。キリスト教を警戒して、漂流民に対しても、絵踏は必須となっていたのである。

唐人漂流民の場合

長崎への航海中、もしくは帰帆にあたって難破したり、漂流する中国船（唐船《とうせん》）があった。このとき、貿易の許可を得た信牌《しんぱい》の所持、不所持にかかわらず、漂着した九州各地では長崎に送還する手続きを取る。ただし、信牌がない船の場合は、ことのほか入念に応対し、他方、信牌を持っている船であれば、労《ねぎら》ったうえで帰帆させるなど、対応に違いが見られた。

漂流船を長崎に送るときは、漂着先で唐人二人の身柄を押さえて、日本船に乗船させて出航する。彼らのことを「質唐人《しちとうじん》」といい、さらに護衛の武士が付けられた。また、漂着船は、各領で準備された挽船《ひきぶね》で曳航《えいこう》され、長崎に向かった。中国船の航路となっていた九州諸藩は、漂流船の対応にあたることが多かった。

挽船が長崎に到着すると、翌日から身柄引き渡しの手続きが開始する。唐船への検使として給人二人に、下役が付き添い派遣される。そして、本船で絵踏が行なわれたのち、すべての唐人たちは奉行所に連行される。そのとき、目付《めつけ》が立ち会い、唐人たちを白洲《しらす》（江戸時代の法廷）へ呼び出し、漂着した経緯などが尋ねられる。通事《つうじ》目付や大小通事が出廷し、その様子を聞いて特に問題がなければ、唐人たちは船に戻され、待機させる。

このように、漂流民が長崎送りにされているのは、今後の身柄引き渡しのためであり、さらに長崎奉行が、キリシタン穿鑿を行なうためである。また、正規の貿易取引と同じよ

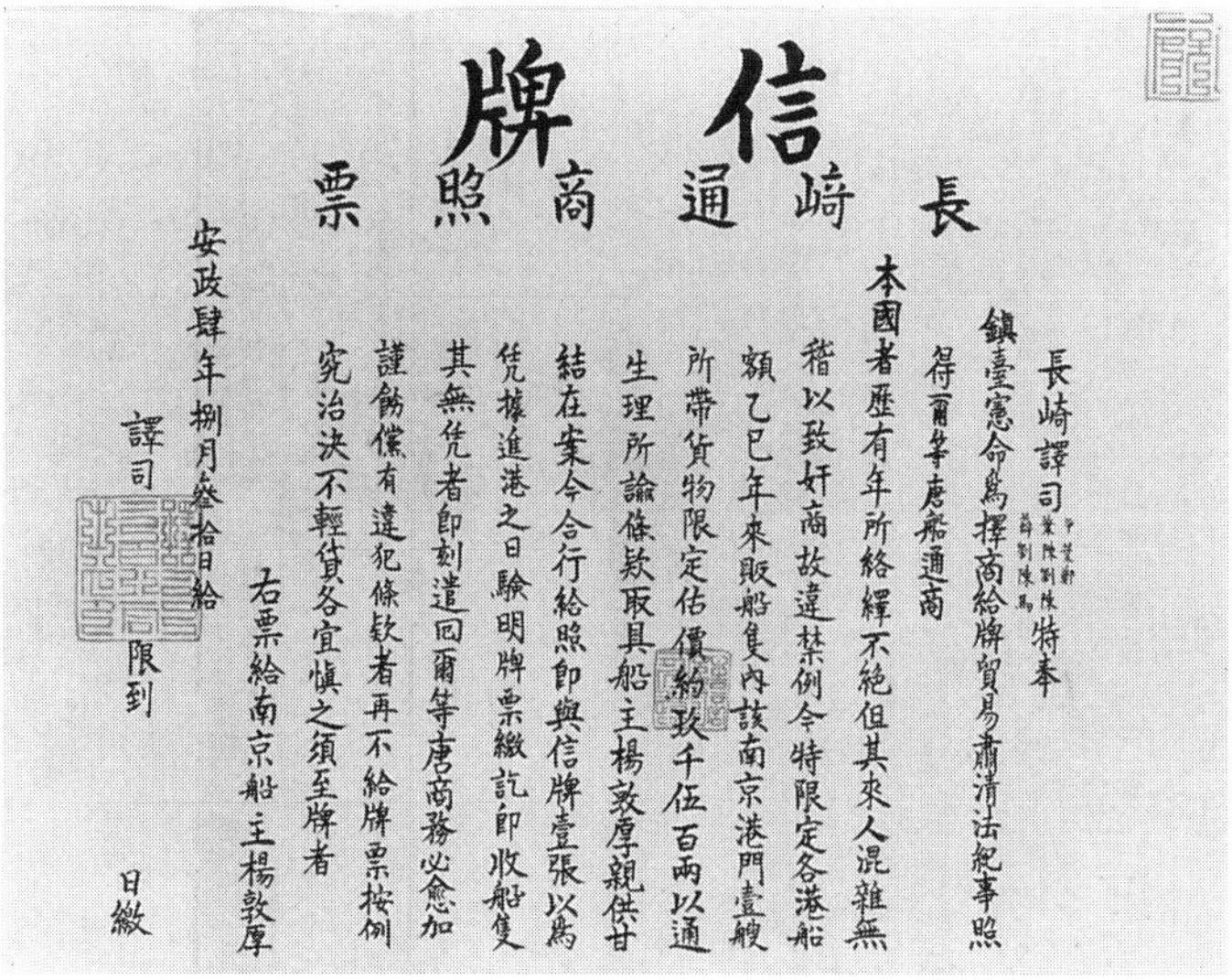

信牌

長崎通商照票

長崎譯司特奉
鎮臺憲命爲擇商給牌貿易肅清法紀事照
得爾等唐船通商
本國者歷有年所絡繹不絶但其來人混雜無
稽以致奸商故違禁例今特限定各港船
額乙巳年來販船隻內該南京港門壹艘
所帶貨物限定估價約玖千伍百兩以通
生理所諭條款取具船主楊敦厚親供甘
結在案今合行給照卽與信牌壹張以爲
凭據進港之日驗明牌票繳訖卽收船隻
其無凭者卽刻遣回爾等唐商務必愈加
謹飭儻有違犯條欵者再不給牌票按例
究治決不輕貸各宜愼之須至牌者
右票給南京船主楊敦厚
安政肆年捌月參拾日給
譯司
限到　日繳

図24　信牌（安政４年８月30日，長崎歴史文化博物館所蔵）

うに、漂流民に対しても上陸する前に絵踏を行なっている。それは、信牌を所持している者に対しても例外ではなく、通常とは異なり日本に到着したときは、再度、身改《みあらため》と絵踏が行なわれたのであった。

漂流民を装ったマクドナルド

漂流民は故意ではないことが多かったが、北アメリカ州カナダのラナルド・マクドナルドは、日本入国を自ら試み、漂流民を装った人物である。嘉永元年（一八四八）、鎖国体制下にあった日本を訪れるためには、漂流民となることが近道と考え、乗船していた捕鯨船が日本近海に差し掛かったとき、少しの食料と水を受け取って離船すると、焼尻島《やぎしり》（北海道羽幌町）に上陸、さらに北の利尻島《りしり》へ向かい、上陸したところを役人に取り押さえられた。

蝦夷地《えぞち》で身柄が確保されたのち、松前《まつまえ》に移送されている。このときに長崎へ向かうことが命じられ、日本海側を航行する北前船《きたまえぶね》の天神丸《てんじんまる》に乗船し、長崎に到着したのは、十月十一日のことだった。マクドナルドは、日本に訪れたときのことを『日本回想記』としてまとめている。

長崎に到着すると、与力《よりき》白井達之進や用人《ようにん》、オランダ通詞らが派遣された。このときの通詞に森山栄之助《もりやまえいのすけ》（多吉郎《たきちろう》）がおり、彼はM・ペリーが来航したときの通訳としても知られる。船中では、まず国籍を尋ねられ、家族構成にも質問が及んだ。また、母船の所在地や母船から離れた理由などが確認された。そして、神を信じているかと尋ねられると、マクドナルドはすぐに肯定する返事をしている。ひととおりのやりとりが終わると、明日奉行所に出頭させることが伝えられている。こうして長崎上陸となったが、このときに絵踏を強要された記録はない。ここに、前述した唐人漂流民との違いを確認することができる。

奉行所での絵踏

マクドナルドは、長崎奉行所立山《たてやま》役所の白洲で尋問を受けることになった。マクドナルドは自身が「物置小屋」と称した場所に入れられたが、ここは、白洲に隣接した宗門蔵《しゅうもんぐら》と呼ばれるところである。白洲に出る前に、ご飯や玉ねぎの漬物、魚などの食事が提供されている。

食事が終わると、森山栄之助が入ってきて、出廷にあたっての打ち合わせをしている。そして、奉行と会う前に、「前戸のところにある金属版の上の像」を見なければならないと伝えられる。この像は日本の悪魔であり、その上を足で踏まねばならないといわれるが、マクドナルドは、像など信じていないからそうする、と答えている。この森山栄之助とマクドナルドのやりとりは、絵踏のことである。出廷にあたっての作法は、オランダ通詞から伝えられたのであった。

白洲に向かおうとすると、マクドナルドは肩をつかまれ、靴を脱ぐように命じられ、草《ぞう》履《り》を渡された。さらに足袋《たび》を履き、草履に履き替えている。そして、白洲に入る前戸に、森山が話していた「像のついた金属版」があるのを目にする。これは、直径約六インチ（一五センチ）の円い青銅盤のようなものだったという印象を記している。マクドナルドが見たのは真鍮《しんちゅう》踏絵《ふみえ》であり、腰をかがめて見てみると、「処女マリアとその子キリスト」であると理解したようである。この図像は、「ロザリオの聖母」もしくは「ピエタ」と思われる。それを踏めと指示されており、プロテスタントであったマクドナルドは躊躇《ちゅうちょ》なく踏み、取り調べを受けることになったのである。

マクドナルドの処分は、長崎奉行所判例集「犯科帳」一三〇冊（長崎歴史文化博物館蔵）に収められている。マクドナルドの行為は不届至極であるが、カピタン（オランダ商館長）からの願いもあるため、身柄をカピタンに引き渡すことに決め、今後は日本近海で漁業しないように、と申し渡したのであった。こうして、マクドナルドはオランダを通じて帰国させられた。

マクドナルドは、出廷直前に絵踏を強要されていた。足袋と草履に履き替えさせられているのも、絵踏をするためであろう。マクドナルドが、踏絵をまったく躊躇なく踏んだことを、森山栄之助は評価している。同じキリスト者であっても、カトリックとプロテスタントでは、絵踏に対する考えも差異があった。

絵踏を描いた川原慶賀とシーボルト

シーボルト著『日本』

シーボルトは、文政六年（一八二三）にオランダ商館医として来日した。このとき、二七歳だった。上陸する前に会ったオランダ通詞《つうじ》の流暢なオランダ語に驚きながら、八月十二日に出島水門《でじますいもん》（出島西端の門）から上陸、これ以降、外科部屋に身を置くことになる。

シーボルトは、医者としての任務にあわせて、日本の総合調査を命じられていた。彼は博物学者としても評価されているように、日本滞在中には、多くの日本人と交流して情報収集を図るとともに、自らも長崎郊外を訪れ、植物調査を行なっている。商館長が嫌った江戸参府は、シーボルトにとっては、研究材料の収集に好機だった。

シーボルトのもとには、各地から日本人有識者が集まり、彼らを門人として抱えていっ

図25　シーボルト画像

た。文政七年六月には鳴滝塾《なるたきじゅく》を開塾し、週に一度はここを訪れて診察や医学、蘭学などを教えていった。ここに集まった門人たちは、自由に各地を訪れることができないシーボルトの求めに応じて、調査して回っては、その成果をレポートで提出した。

これが、のちに三部作として結実する。『日本植物誌』『日本動物誌』『日本』は、文政十二年にシーボルト事件が発覚して国禁処分を受けるまで、日本滞在中に調査した成果である。特に『日本』は、当時の日本の風俗や社会状況、地理学的な研究書としてまとめられている。

シーボルトの研究に協力していた日本人の存在も看過できない。特に出島出入絵師《でいりえし》の川原慶賀《かわはらけいが》（登与助《とよすけ》）は、シーボルトと行動をともにすることも多く、三部作の挿絵を担当するなど、重要な役割を果たしていた。日本人の手による挿絵は、これまでにない正確な情報だった。当時の文化や習慣、風俗など、日本の原風景ともいえる絵画を残した川原慶賀は、現在でも高く評価されている。

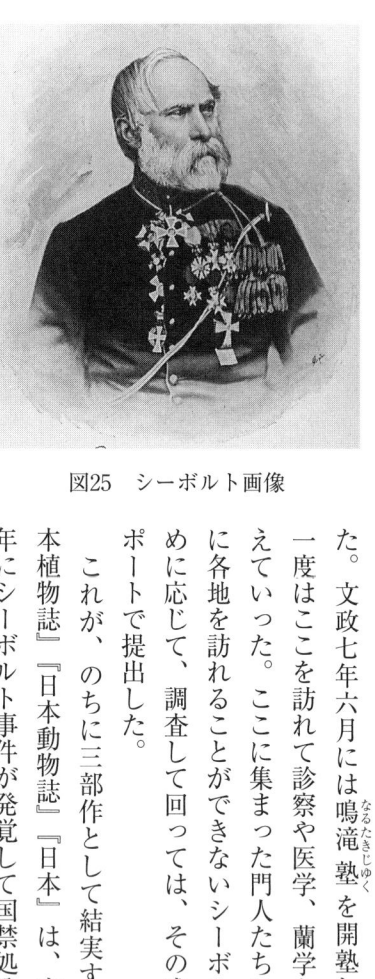

『日本』なかに、絵踏《えふみ》をしている様子も収められており、これを通じて日本の禁教政策がリアルに伝えられた。総合的な日本研究書に日本人絵師による「絵踏図」が載録されたのは、文学作品や回想録とは異なる、学術的な性格を持って発信されたことを意味する。

三部作のなかでも『日本』は、当時の日本はもとより、蝦夷地《えぞち》や朝鮮半島などを含めた地理や歴史、風俗、人物画を収めたものである。

「jefumi」図の作成

『日本』の副題には、「日本とその隣国、保護国—蝦夷地、南千島列島、樺太《からふと》、朝鮮国、琉球《りゅうきゅう》諸国の記録集。日本とヨーロッパの文書および自己観察による」とつけられているように、シーボルトの研究対象範囲の広さを示している。滞在中に見聞きした情報や過去の文献をひもときながらまとめられ、一八三二年からオランダで出版・印刷が始まった。

出島に滞在していたこともあり、長崎の年中行事は詳述されている。五節句の上巳《じょうし》の節句（ひな祭り）ではひな飾りに興じる女子が、端午《たんご》の節句では長崎式鯉のぼりが描かれている。また、諏訪《すわ》神社の祭礼である「くんち」もあり、鯨の潮吹きやコッコデショ（太鼓山）などを収めている。

ここに長崎での絵踏が「jefumi」という図版タイトルで収められている。シーボルトは踏絵《ふみえ》を踏む行為として「絵踏」と認識しているが、これは、一七二七年に発刊されたケンペル著『日本誌』のなかにも「jefumi」とあることから、これに従ったものといえる。また、年中行事として絵踏をとらえているが、それは描いた川原慶賀をはじめとする日本人たちによる情報提供が大きい。こうして絵踏の実態は、研究書である『日本』を通じて、外国でも広く知られるところとなっていったのである。

絵踏時の室内

長崎の絵踏は、正月四日から町方《まちかた》で実施され、踏絵を持って各家を巡回していたことは前述したとおりである。そこで、「jefumi」図の室内の様子を見ると、正月のしつらえが残るなかで行なわれている。

まず、台所を見ると、画左下段の竈《かまど》には三段の鏡餅が置かれ、各段には小さな丸餅の脚がある。上段には、海老と串柿などが描かれており、これに橙《だいだい》や昆布、包米、包塩、裏白《うらじろ》（常緑植物のシダ）が置かれるのが、長崎の町家で飾られた鏡餅である。また、画左上段には幸木《さいわいぎ》が吊されている。幸木に、一年を一二ヵ月と見立てた一二本の縄（閏月がある場合は一三本）をして、鰤や鯛、鰹節などをぶら下げ、正月の飾りとするのである。

室内にも正月のしつらえが見られる。「手かけの台」や「蓬莱《ほうらい》」などと呼ばれる飾りものが上座《かみざ》に置かれている。長崎の正月飾りは、三方《さんぽう》（神饌を載せる台）に紙をたらし、その上に裏白を敷き、九合の米を盛り、根引の松をたて、包米や包塩、昆布、海老、橙などを置く。正月に来客があったときは、これを前に祝言をした。このように、正月飾りの特徴をとらえた描写は、長崎に居住していた川原慶賀の手によるためであろう。

その一方で、吉祥の様子や絵踏の端的な表現も見られる。絵踏を確認する役人の背後には庭をのぞめるが、ここには松の木の下の岩に亀が描かれている。嘉祥のしるしとして表現されているのであろう。また、画右には衝立《ついたて》が置かれている。読める文字として、「義心之判事之宜」とある。義は、五常（仁・義・礼・智・信）の一つで、他人に対して遵守すべき正しい道という意味である。これを受けて、信条の判定よろしくと続いている。これらの描写は、川原慶賀のフィクションであり、絵師としての洒落心《しゃれごころ》であろう。

形にあらわれない信仰心を証明するために絵踏が行なわれ、これを象徴する文字が衝立に記されている。なお、絵踏の図は、年中行事図として、いくつかのパターンが存在していることを付記しておく。

さて、オランダのライデン国立民族学博物館には、このシーボルト著『日本』「jefumi」の挿図と、基本的には同じ構図で、着彩された絵踏の図が残されている。こちらも川原慶賀の手によるものである。

彩色されているので、こちらのほうがより当時の様子を知ることができる。角度と衝立や屋外の様子の描き方には相違が見られるが、絵踏の本義に影響しない範囲で、慶賀の意向が反映されていることがわかる。

図26　「jefumi」（シーボルト著『日本』より）

図27　「絵踏図」(川原慶賀筆，ライデン国立民族学博物館所蔵)

『日本』所収の図には、一三名の人びとが描かれている。前述したように、絵踏のときは、各町の乙名《おとな》や組頭《くみがしら》らが付き添って、家ごとを巡回していた。つまり、ここには、絵踏を見届ける執行人である役人側と、絵踏を受ける家族側が描かれているのである。

絵踏に関わる人びと

室内の衝立の前に着座する婦人と男子は、絵踏を控えた家族であり、これから順番に絵踏することになろう。各家では、戸主から絵踏をしており、その順番は、宗門人別踏絵帳の記載順と同じである。

画中央でやや腰を丸めている人物の足元には、踏絵が置かれている。まさに、絵踏をしている当事者であり、この家の戸主である。絵踏には正装でのぞんでおり、ライデン国立民族学博物館蔵「絵踏図」を見れば、足袋《たび》を履いているものや裸足のものもある。長崎の絵踏は、両足を踏絵にのせるのではなく、片足をのせる程度だった。

絵踏をしている当事者の正面には、裃《かみしも》を着た町乙名《まちおとな》が対峙する。きちんと絵踏を行なったかを確認する立場にあり、当該町の絵踏の責任者である。これを補助する人物が組頭で、図版中にも二人の組頭が乙名の横で絵踏の確認を行なっている様子が描かれている。

絵踏をすると宗門人別帳《しゅうもんにんべつちょう》に記される。『日本』所収の図では、絵踏をしている左横に着座している人物が日行使《にちぎょうじ》であり、その手には、印鑑らしきものが見え、畳の上には帳面が置かれている。これが宗門人別帳であり、絵踏が終わると、この帳面に押印された。

この踏絵の図には、長崎での絵踏の状況が集約されている。そこには、どこか緊迫感が漂っているというより、粛々と実施されているかのような印象を受ける。年中行事化していた絵踏の実態がそう感じさせるのであろう

明治以降の踏絵

〝負の遺産〟踏絵の移管事情

長崎の行政機構の改編

安政五年（一八五八）の日米修好通商条約によって、長崎での絵踏《えふみ》が実質的に廃止になると、踏絵《ふみえ》は、長崎奉行所立山《たてやま》役所の宗門蔵《しゅうもんぐら》のなかで、まさに〝死蔵〟の状態となっていた。

長崎では、絵踏が良くも悪しくも長崎町人に受け入れられていて、年中行事にまでなっていた。絵踏の終焉は、単に行政施策の変更に留まるものではなく、人びとの生活習慣にも影響した。そして、長崎の町人たちは、絵踏の廃止を通じて、時代の転換点を肌で感じることとなったのである。

江戸幕府が倒れて明治新政府が樹立すると、長崎の行政組織も改編を余儀なくされる。最後の長崎奉行であった河津伊豆守祐邦《かわづいずのかみすけくに》が長崎を脱出したのち、慶応四年（一八六八）正月十六日に薩摩や長州藩士らによる合議体の長崎会議所が組織された。その半月後には、長崎裁判所が設置され、ここに総督として沢宣嘉《さわのぶよし》が赴任する。そして、二月十六日に長崎会議所に代わって、長崎裁判所が正式に行政庁となった。

同年五月四日に、長崎裁判所は長崎府となった。それは、閏四月二十一日の政体書の公布に伴い、府藩県三治制が取られたことによる。明治二年（一八六九）六月二十日には、長崎県と改称し、以降、長崎県知事が行政長となった。こうした行政機構の改編に伴い、旧長崎奉行所文書は長崎県庁に引き継がれることになったが、踏絵もそこに含まれていたのである。

踏絵の行方

長崎奉行所立山役所の宗門蔵で〝死蔵〟の状態となっていた踏絵だが、その踏絵が入っていた切支丹長持《キリシタンながもち》は、「開かずの長持ち」といわれていた。長崎奉行の河津祐邦は、長崎奉行所西役所にあった公文書類を立山役所に移管し、ここで一括して保管しようとしていたが、倒幕の動きのなかで彼が長崎を去ると、その状況が一変する。長崎の行政長が不在となった立山役所は、通常、閉ざされている正門の門扉は八の字に開かれ、役人や門番がいないばかりか、書院には文書が散乱しているありさまだったという。踏絵も、一時は所在不明になったという。

先に触れたように、旧長崎奉行所文書は長崎県庁に引き継がれ、江戸時代から長崎奉行所で管理されていたキリシタン禁制に関する遺物なども、すべて長崎県へと引き渡された。一時、行方不明となっていった切支丹長持も、このときに所在が確認されている。踏絵をはじめとする長崎奉行所旧蔵品は、今後、長崎県令が責任を持って管理していくことになったのである。

しかし、それは一地方行政官としては任が重く、踏絵を含むキリシタン禁制品は、外交問題に発展しかねず、中央での保管が望まれた。キリシタンに関する長崎奉行所旧蔵品は、政府にとって、まさに〝負の遺産〟となっていった。

踏絵の移管申請

長崎奉行所旧蔵のキリシタン関係遺物は、現在、東京国立博物館が所蔵している。昭和五十二年（一九七七）に、「長崎奉行所キリシタン関係資料」として一四〇点が、国指定重要文化財（歴史資料）となった。一四〇点のなかには、一九枚の真鍮《しんちゅう》製や一〇枚の板踏絵のほか、十字架やロザリオ、メダイ、聖像画などがあり、マリア観音像といった浦上三番崩《くず》れや四番崩れで没収された潜伏キリシタンの信仰物も含まれている。これらは明治期に、一括して長崎から東京へ移管されたが、これには次のような経緯があった。

前述したように、日本での絵踏は、多くの外国人が知るところだった。日米修好通商条約によって居留地が設けられ、外国人がここに滞在すると、耳にしていた踏絵を実際に見たいと所望するようになる。こうした要請を、長崎県令はどう対処すべきか困惑した。そこで、明治七年九月二十二日に、長崎県令宮川房之《みやがわふさゆき》から教部大輔《きようぶたいふ》（次官）宍戸璣《ししどたまき》に対して、伺い書が出されているが、ここには次のようなことが記されている。

神奈川裁判所のフランスのお雇い外国人が、長崎裁判所員の田辺基光を通じて長崎県庁に連絡をしてきた。それは踏絵の購入を求めるもので、もし叶わないのであれば、一度見せて欲しいということだった。キリスト像を模写し、国民に土足で踏ませていた「珍奇の品」と評価し、これを欲念していたのである。これまで、鎖国体制にあった日本の物品が好奇の対象となっていたことは、のちの万国博覧会などの盛況ぶりからも明らかであるが、こうした要望が長崎県に寄せられるようになっていたのである。

宮川房之は、長崎県庁倉庫にある踏絵二〇枚余の対処法を政府に求めた。この外国人が、横浜から帰港するときに突然申し出てきて、県庁としてはどう対応するべきか困っていること。今後も同じようなことが起こり得る可能性を示唆したうえで、これらを、宗教統制を行なう教部省に納めたい、と申し出たのである。これは、踏絵だけに限ったものではなかった。

踏絵以外に、これまでキリシタン禁制に違反した者から没収したものや鏡、木造や陶器類など数多くあるので納めたいと申し出ている。長崎県としては、幕府の禁教政策の遺物を明治政府で管理するように望んだのであり、その取り扱いは、長崎県令という一行政官の職掌を越えるものだったのである。

教部省に収められた踏絵

教部省は、長崎県令宮川房之からの申し出を受けて、政府内で協議することにした。明治七年（一八七四）十月九日付で、教部大輔宍戸璣は太政大臣三条実美《さんじようさねとみ》宛に「長崎縣踏絵銅版之儀ニ付伺」（国立公文書館蔵）を出し、指示を求めた。これには長崎県令からの伺書の写も添付されており、どのように対応するかが話し合われたのである。この長崎県令の申し出は、教部省だけの判断ではなく、太政大臣の決裁を求める事案だったことがわかる。

ここには、連絡を受けた宍戸璣の意見書は付されていない。つまり教部省の判断の域を超えるものと認識され、そのまま稟議《りんぎ》にかけられることになったのである。その結果、十月十八日に長崎県令の申し立てのとおり、すべてを教部省に納めるようにと決定した。この文書の最終案は、庶務課長が修正したうえで出され、その案文も、庶務第四四九号文書として庶務課で管理されている。

長崎県へは、同年十月二十二日に「伺立趣踏絵銅版幷雑品共当省へ相納可申事」と返答された。これは、長崎県の「庶務課事務簿」（長崎歴史文化博物館蔵）にも収録されている。以上の経緯により、長崎県令宮川房之からの伺文書のとおりに、すべてのキリシタン関連資料の移管が認められた。それは、外国人からの上述の要望に対して、長崎県令が対応するのではなく、政府として事にあたろうとしたあらわれであった。幕府の禁教政策所縁の物品であるため、政府として引き取る姿勢を示し、こうして、長崎から東京へと移管されることになったのである。

長崎から東京への移管は、外交上の支障をきたす可能性があったための措置である。日本とキリスト教の歴史的背景を考慮すると、国家レベルで対応すべきと判断された。また、先の返答には、踏絵と銅版（メダイ類）以外を「雑品」と表現している。それだけ、踏絵は特別な扱いを受けていたことがわかる。

のちに踏絵は、外交交渉の進展のなかで、資料として取り扱われるようになる。それは、明治三十三年（一九〇〇）に設置された東京帝室博物館に移管されたことからも裏付けられる。昭和二十二年（一九四七）に、帝室博物館は文部省所轄の国立博物館となり、同二十七年に東京国立博物館と改称される。これにあわせて各機関で所蔵されていき、現在は東京国立博物館で国指定重要文化財として管理されている。

踏絵の陳列・公開とキリシタンブーム

江戸時代の禁教政策を象徴する踏絵《ふみえ》について、中央と地方とでは、その認識に差異があった。それは、明治十年（一八七七）に開催することになった長崎博覧会への、踏絵出品の可否をめぐる長崎県令と教部省とのやりとりのなかから伺い知ることができる。

長崎博覧会への踏絵出品

長崎博覧会とは、明治十年三月一日から一〇〇日間の会期で開催する予定で計画された長崎県と複数の商社による催事である。これにあたり、前年から長崎県令は教部省と踏絵などの借用交渉をしており、両者間で踏絵の取り扱いに違いが見られた。長崎県令の北島秀朝は、明治九年八月十八日付で教部大輔宍戸《ししど》璣《たまき》へ文書を送り、博覧会開催につき、「耶《や》蘇絵板《そえいた》」を陳列したいので、貸して欲しいという。いま、長崎県の役人の木下と志賀が別件で上京しているので、運搬方法について差図してくれるように要請した。これには添状があり、踏絵板三〇枚、大小の薄銅踏絵板二枚、木綿地仏画二枚などを所望している。

これに対して、宍戸璣は明治九年十月十三日付で太政大臣三条実美《さんじょうさねとみ》に伺をたてて指示を仰いでおり、ここには宍戸璣の意見も付されている。この文書には、踏絵は「普通考古之物品」とは異なり、外国との関係に支障をきたすことになるかもしれないと危惧し、断るべきではないかと上申した。つまり宍戸は、踏絵は歴史資料である考古遺物とは一線を画すものと考えており、開国まもない状況にあって、陳列することによる外交上の問題を懸念しているのである。この結果、十一月一日付で、長崎博覧会への出品見送りが正式に伝えられた。

図28　宍戸　璣

長崎県令としては、借用前提で教部省に伺いをたてていた。それは、上京中である長崎県の役人に、運搬の指図を求めていることからも裏付けられる。かつての長崎奉行所旧蔵品であるため、正式な手続きを踏めば借用可能と、北島秀朝は考えていたのであろうが、結果としては踏絵の貸与は許されなかった。

県令北島秀朝は、禁教は過去のこととして受け止めていた。踏絵などが外交問題に発展するとは思ってもいなかったのである。ここには、北島秀朝と踏絵を教部省に納めた当時の県令宮川房之との認識の相違も見受けられる。

一方、教部省としては、浦上四番崩《くず》れなど、キリシタン問題の処理が一段落したこともあって、慎重に対応しようとした。長崎県令、そして教部省とのあいだで、それぞれの立場の違いによる踏絵に関する認識差が、一連の貸借交渉で浮き彫りとなったのである。

踏絵の公開―東京帝室博物館特別展

明治十年（一八七七）の長崎博覧会では、踏絵の陳列が実現することはなかった。踏絵の管理が緩和されることになったのは一九〇〇年代に入ってからで、その契機となったのは東京帝室博物館での特別展開催である。

明治三十九年五月、東京帝室博物館の第五回目となる特別展甲部「嘉永以前西洋輸入品及参考品」が開催され、踏絵が公開されることになった。この展覧会の閉会後も、陳列場を三号館の階上に移して常設公開されている。この特別展は一七のテーマで構成されており、洋書・和書・文書・地図・洋画・和画・銅版・学術器機・耶蘇教遺物・外国武器・楽器・道具・陶器・硝子器・織物・刺繡・革類・貨幣紀念牌・雑からなる。「嘉永」年間（一八四八～五三）以前という、鎖国時代とそれ以前の日本を強く意識したもので、ここにはキリシタン時代を代表する南蛮屛風やウンスンカルタなど、南蛮美術にも光が当たっており、歴史学というよりも博物学的陳列となっている。

展覧会にあわせて刊行された「嘉永以前西洋輸入品及参考品目録」では、出品された資料の一覧を確認することができる。これには若干の解説が付されているものもあり、この目録は今日の図録に相当する。踏絵は、「耶蘇教遺物」の一つとして陳列されているが、その他に、長崎奉行所関係資料としては、浦上三番崩れで捕縛された吉蔵が所持していた「白磁観音立像」、元禄十一年（一六九八）に長崎の遠見番《とおみばん》白江武右衛門下人六兵衛が畑で

図29　南蛮寺鐘（1577年銘，妙心寺所蔵）

掘り出した「耶蘇架上像」、長崎奉行所宗門蔵《しゅうもんぐら》にあった「油絵」、真鍮《しんちゅう》製と銅製の「牌」などが並んでいる。その他、京都妙心寺の「南蛮寺鐘」などが借用、陳列されている。

このなかで「板踏絵」が四枚展示されており、この解説部分には、木版に銅牌が嵌め込まれたものとある。また、これを収納した箱には「踏絵八箱之内」と「嘉永六年」（一八五三）と墨書されているとあり、さらに、長崎奉行所旧蔵と記されている。東京国立博物館に現存する箱を見ると、右方に「八箱之内」、中央に大きく「板之踏絵　壱枚」とある。また、箱の裏書に「嘉永六丑年　造之」とあり、共通する。つまり、八枚の板踏絵には個別の収納箱がつくられていたことがわかる。なお、この嘉永六年というのは、板踏絵が収納された箱が製作された年である。

真鍮踏絵は、五枚が陳列された。その解説には、踏絵は真鍮製で、表面に耶蘇像が彫刻されているとある。また、寛文九年（一六六九）に萩原祐佐《はぎわらゆうさ》が鋳造したこと、箱に朱書きで「踏絵二十枚之内」とあることを記している。これについては、現存する真鍮踏絵の箱書と一致している。なお、宗門改《しゅうもんあらため》のときには、これを常に用いていたと紹介している。

この東京帝室博物館の特別展「嘉永以前西洋輸入品及参考品」は、個人からも出品を募って陳列された大規模な展覧会だった。六四〇件もの資料が出品、のちの追加分を含め、全七八六件が陳列されている。常設の陳列物に踏絵が選ばれていることからは、かつて政府が認識していた「普通考古之物品」に転化したといえる。踏絵が歴史資料と認識されて公開されるまでには、長崎博覧会から二九年の歳月を要したのであった。

長崎奉行所旧蔵品で、現在、東京国立博物館に所蔵されているものが、いわゆる〝真物〟の踏絵である。これ以外に、自前の踏絵を持つことが許されていた熊本藩や小倉藩などにもあったはずである。しかし、幕末から明治への過渡期のなかで、その所在が確認されておらず、今日に至るまで見つかっていない。

模造される踏絵

その一方で、多くの模造品は製作されている。歴史的にかつて岡藩が長崎奉行所から借り受けた踏絵を無断でつくり、咎《とが》められたことは前述したところだが、それとは製作意図が異なっている。また、今日的な博物館資料の複製にあたるレプリカとしてつくられたものでもなく、そこには別の目的があった。

長崎奉行所で使われていた板踏絵や真鍮踏絵を模倣してつくられた踏絵は、一見して贋作とわかるものから、精巧なつくりをしているものまである。前述したように、板踏絵は一〇枚（類似品二枚を含む）、真鍮踏絵が現存一九枚である。天草沖で富江五島家が紛失した一枚の所在はいまだにわかっていない。

それにもかかわらず、全国津々浦々で数十枚、もしくは一〇〇枚に近い数の踏絵がつくられ、大学や博物館はもとより、個人でも所蔵されている。その背景には、外国人の所望

図30　模造された紙踏絵（西南学院大学博物館所蔵）

に応じようとしたことや、先の特別展を経て起こったキリシタンブームがあり、近年になって製作されたのである。

踏絵のなかでも紙踏絵は、その素材からも残存しているものは限りなく少ないと考えていいだろう。それにもかかわらず、十字架にキリストの頭部がついた図像が描かれたり、江戸時代の年号、さらには実在しない寺院名まで書かれた紙踏絵なるものがある。これは、九州の博物館などに所蔵されていることが多いが、当時、使われていた紙踏絵と見なすには困難である。

それは、文献史料には、キリシタンたちが信仰していた掛絵などが踏まれていた初期の絵踏の実態が残されているが、この紙踏絵の図像と同じ主題のキリスト教絵画を確認することができないためである。

十字架とキリストの半身が一体化している図像、そして天に顔を向けているキリストの像は、西洋絵画には存在しない。また、十字架にかけられたキリストの死や、この時描かれる血は、人間に贖罪をもたらすものと考えられている。こうした教義に基づいた磔刑《たつけい》でもなく、さらに、血も流していない図像の紙踏絵は、日本人の手による別の目的で製作されたものといえる。つまり、江戸時代の古文書、そして、教義やキリスト教絵画にも一致しないことを考えれば、ある時期に想像してつくられたといえよう。外国人たちが所望して商売として成立したことに加え、日本人向けにも生産されたと思われる。

この紙踏絵の数点には、大分県中津市の「扇城吟社之章《せんじようぎんしや》」の押印が見られるものがある。扇城吟社とは、医家であり漢詩家の戸早春邨《とはやしゆんそん》が、豊前・豊後地方の漢詩壇の振興を図って、明治三十一年（一八九八）に結成した団体である。また、明治二十九年に上座・下座・夜須の三郡が合併して成立した「朝倉郡」の押印があるものもある。これから、紙踏絵は、明治二十九年にはつくられていたものと推測され、真物とすることはできない。

踏絵に限ったことではなく、日本国内で起こったキリシタンブームによって、多くの模造品がつくられた。また、日本人への売買を目的として、潜伏キリシタンの信仰具を装って取り引きされたものもある。たとえば、浦上三番崩れや四番崩れで没収されたマリア観音は、一見して観音像である。これを逆手にとって、観音像があたかも潜伏キリシタンが信仰していたもののように口上して売買されるという、一種の捏造《ねつぞう》があった。さらに、仏像に十字を刻み、あたかも真物かのように加工している。潜伏時代に十字を刻むことは当時の状況から限りなく少なく、後年に意図的に入れられたと考えるほうが自然である。

さらに、昭和二十年（一九四五）から二十五年までのあいだには、名古屋で仏像付き十字架がつくられて各地に頒布されている。踏絵も種類を問わず、さまざまな〝いわくつき〟のものが、つくられたのである。

踏絵の文学作品『沈黙』とその世界観

踏絵《ふみえ》を取り上げた文学作品は多い。そのなかでも代表的なものが遠藤周作氏の『沈黙』であろう。昭和五十六年（一九八一）に新潮社から発表された本作は、昭和四十六年には篠田正浩監督により「沈黙 SILENCE」として、また平成二十九年（二〇一七）にはマーティン・スコセッシ監督により「沈黙―サイレンス」として映画公開されている。

遠藤周作の『沈黙』

日本で長く続いた禁教政策は、世界的に稀有《けう》なことであり、外国人監督の手による作品は、各方面から注目を集めた。遠藤氏自身も洗礼を受けていること、そして史実に基づいた作品を心がけていたこともあって、イエズス会側、いわゆる布教する側からの視点はもとより、江戸時代中期の文献なども参考にしながら、当時の禁教の世の正確な描写に努めている。創作にはない、一種の説得力があるからこそ、『沈黙』は評価されているのだろう。

『沈黙』は、イエズス会士ロドリゴとガルペが、棄教したと伝わってきたフェレイラを求めて日本に入国するところから始まる。以降、日本人キチジローらを通じて織りなす人間模様は、当時の日本人のキリシタン観はもとより、国内のキリスト教界の様相さえも射程にし、さらに、潜伏キリシタン組織が盤石さと紙一重で脆弱《ぜいじゃく》さを持ち合わせた両面性を描写している。島原天草一揆《しまばらあまくさいっき》後の混沌とした社会状況のなかで、キリスト教時代からの転換を余儀なくされた宣教師やキリシタンたちの苦難が続く。

図31　遠藤周作

厳しい禁教政策が断行されるなかで、捕縛されたロドリゴらは、長崎へ身柄を送致され、取り調べを受けている。寛永鎖国令を通じて長崎奉行の職権が形成されていったことは前述したとおりであるが、これに従った処分が描かれており、これまでの研究成果の驥尾《きび》にふした表現となっている。本作品では、遠藤氏の作風の特徴である史実を追求する一方で、創作のエッセンスを加えた歴史小説のスタンスは読者を魅了し、惹きつけている。

本文中で、キリシタン訴人褒賞札（キリシタン制札《せいさつ》）には、伴天連《バテレン》（キリシタン）の訴人（密告）があれば、銀三〇〇枚を与えると記されているとある。この額は時代によって変遷するものの、島原天草一揆後の額として正確な数字である。ここに、キリストを裏切ったユダが銀三〇枚をもらったことと対比させる手法は、キリスト者であるがゆえの着想でもあり、キリスト教文学としても高く評価されているゆえんである。

その一方、『沈黙』は、カトリック教会から批判があったのも事実で、それは、宣教師が絵踏《えふみ》する行為を容認しがたいというものだった。賛否がありながらも、歴史小説としての評価は揺るがないものがある。

『沈黙』にある踏絵の描写

本作品のなかには、「踏絵」の様子が随所に記述されている。絵踏を拒んだガブリエルが、雲仙での過酷な迫害にあたって、「踏絵を踏むよりは足を切ったほうがいい」と述べたり、絵踏の強要に不安がる日本人へ、「踏んでもいい」といったことに自戒の念にかられるロドリゴの様子など、絵踏を通じて揺れ動く人間模様がリアルに描かれている。

また、絵踏を考案したのは「イノウエ」と設定し、本文中では特に重要人物として記されている。「イノウエ」とは、井上筑後守政重《いのうえちくごのかみまさしげ》であり、近世初期の禁教政策の骨子を担った人物として位置付けられる。井上政重は、元キリシタンで、「ころび」（転宗者）という設定で最後まで登場する。

実際に井上政重は、寛永十七年（一六四〇）にキリシタンの取り締まりを任命され、諸国巡見している。平戸ではオランダ商館の倉庫に刻まれた西暦を問題視し、倉庫の破壊と同時に、オランダ商館の出島《でじま》移転を命じた人物である。幕府の禁教政策を具現化していった張本人である。

『沈黙』が想定している時代に、絵踏で使われていたのは板踏絵である。作品中には、「御子《おこ》をだいたサンタ・マリアをはめこんだ板が足もとにおかれました」と、板踏絵を表現している。〝御子をだいたサンタ・マリア〟というのも、「ピエタ」をあらわしており、板踏絵にも現存する。作品の重要なアイテムでもある踏絵を、史実に基づき特定したことは評価することができよう。

史実との異同

作品の終盤には、長崎での絵踏の光景が描写される。長崎の正月の風景である、チャルメラ吹きや銅鑼《どら》打ちなどがねり歩き、賑やかな中、正月三日に町年寄《まちどしより》が踏絵の借用を申請し、正月四日から市中で行なわれたことを記している。これは、前述した『長崎歳時記』に基づいた表現だが、作品が設定する時代とは一致しない。当初、絵踏はキリシタン本人、そして転び《ころ》キリシタンに対して実施されており、定式化した絵踏は、島原天草一揆以降、さらには、寛文九年（一六六九）の真鍮《しんちゅう》踏絵の完成後である。

作品中には、市中で行なわれていた絵踏で使用された踏絵について、「おおむね板の長さ七寸から八寸、幅は四寸から六寸の板に聖母や耶蘇像をはめこんである」と記されている。〝はめこんである〟という表現からは、板踏絵を想定していることは言うまでもないが、これは本作品の設定した時代にも合致する。一方、前述したように、絵踏が定例化した頃に、板踏絵を長崎市中に貸し出していたと仮定すれば齟齬《そご》がある。

板踏絵の寸法は、長さ二一・二二～二四・二四センチ、幅が一二・一二～一八・一八センチとあり、現存するものと近似値である。また、「まず主人が踏み、女房が踏み、それから子供たちが踏む。赤ん坊は母親がだいて踏ませた」という表現は、江戸時代中期以降の長崎の絵踏の作法である。

本作品のクライマックスには、キチジローの裏切りによって捕まったロドリゴが、踏絵に足をかける場面が描かれる。

この足は凹んだあの人の顔の上にあった。私が幾百回となく思い出した顔の上に。……善く美しいものの顔の上に。そして生涯愛そうと思った者の顔の上に。その顔は今、踏絵の木のなかで摩滅し凹み、哀しそうな眼をしてこちらを向いている。

ここから、ロドリゴが踏んだ図像は、キリスト像であることがわかる。そこで、現存する板踏絵の主題を見てみると、「エッケ・ホモ」が四枚ある。キリストが斜め下に頭をかしげる姿からは、〝哀しそうな眼をしてこちらを向いている〟ようにさえ感じる。そのため、ロドリゴの足元に置いた踏絵を、遠藤周作氏は「エッケ・ホモ」と想定したものと思われる。また、〝踏絵の木のなかで摩耗し凹み〟とあるのは、多くの人に踏まれたことによる描写だろうが、現存する四枚からは摩耗や凹みというよりは、一枚の「エッケ・ホモ」の上部に亀裂が走っているが、比較的良い状態が確認できる。つまり、損耗具合を表現するために、絵踏に数多くの人、ひいてはキリシタンが足をかけたことを過大に強調しているのである。

マーティン・スコセッシ監督の「沈黙―サイレンス」でも、踏絵は重要なアイテムとして登場する。キチジロ―が踏まされる場面では、板踏絵と思われるものが出てくる。そこには、板の上に真鍮踏絵（ピエタ）が置かれた、板踏絵とは到底言い難い〝モノ〟である。遠藤氏が板踏絵を詳しく記しているのにもかかわらず、とても板踏絵とはいえないモノが使用されたのはきわめて残念である。

歴史学研究者は、〝一級史料〟に巡り会えたとき、新しい着想を抱き、良質な発表をすることができる。これと同じように小説家も感化される素材との出会いが重要で、それは偶然と紙一重のようである。

遠藤周作が見た踏絵

――たった一つの言葉、偶然に眼にふれた一つの文字――もし長崎を本にたとえるならば、私にはその夕暮れ、眼にとまったものがそうだったのである。それは踏絵だった。偶然みた踏絵だった。

これは、遠藤氏が『沈黙』を書くきっかけとなった言葉である。執筆に至る経緯として、「一枚の踏絵から」（『遠藤周作文学全集』一三巻）に、詳しく述べられている。熊本や鹿児島、福岡は、たびたび訪れて作品を書いていたが、当時の遠藤周作氏にとって、当時の長崎は〝見知らぬ〟街だったようである。昭和三十九年（一九六四）に初めて訪れたときの衝撃はとても大きかったらしく、新しい世界観が眼前に広がったとも述べている。

風頭山《かざがしらさん》の矢太楼《やたろう》に宿泊されたようで、眼下に広がる長崎の町並みを眺めている。そして街中をタクシーで観光し、夕暮れに、大浦天主堂に到着した。そのとき、修学旅行の高校生でごった返していたこともあり、なかに入ることはせず、ガイドとタクシーを帰して、その周辺を歩いて回っている。大浦天主堂の左横の坂道を上った先にある「十六番館」に訪れ、ここで踏絵と対面したのである。十六番館は、アメリカ領事館船員宿泊所として万延元年（一八六〇）に東山手十六番地に建てられたが、南山手に移転されたものである。

　ここにあった踏絵が「ピエタ」で、銅版が木の中に嵌め込まれた「板踏絵」であった。遠藤氏はこれまで何度か踏絵を見たことがあったようだが、しばらく立ちすくんでいたのは、踏絵というよりも、「それを囲んでいる木に、黒い足指の痕らしいものがあったためであった。足指の痕はおそらく一人の男がつけたのではなく、それを踏んだ沢山の人の足が残したにちがいなかった」と記し、「それほど深い印象を受けたという気持ちになった」とまで追想している。実際に踏まれたであろう、まさに〝足跡〟に感銘を受けられたようである。

　遠藤氏がここで見た板踏絵は、これまで記してきたことからもわかるように、当時、使われていた長崎奉行所旧蔵品の踏絵ではない。全国各地に出回っている模造品の一つである。かつて、遠藤氏が見ていた踏絵のなかには、本物もあったかと思うが、それは、長崎以外の地で見たものであろう。実際に踏絵を管理し、絵踏を行なっていた長崎で踏絵を見たからこそ、模造品の踏絵ではあっても、感銘を受けられたのであろう。踏絵の持つ魅力は、まさに、ここにあるといえよう。

踏絵の持つ意味——エピローグ

キリシタンと絵踏

絵踏《えふみ》は長崎で行なわれ、これが、九州では小倉藩や熊本藩、大村藩、平戸藩、岡藩などでも実施されるようになったと考えられる。一方、福岡藩や薩摩藩では行なわれなかったが、そこには藩主の禁教観やキリシタン対策のとらえ方に相違があった。東北では唯一会津藩が実施していたのもそのあらわれといえよう。それ以外の地でも宗門改《しゅうもんあらため》は行なわれるが、絵踏は行なわれておらず、ほとんどの藩は絵踏とは無関係だった。

絵踏は、寛永十一年（一六三四）に長崎奉行と細川忠利《ほそかわただとし》らがキリシタン取り締まりの政策立案過程を協議するなかで幕藩双方において有効性が認められた。絵踏や影踏を行なっていた藩は、長崎奉行所が真鍮踏絵《しんちゅうふみえ》を製作する以前から絵踏を実施しており、厳しいキリシタン取り締まりを自発的に展開していた。当初、転《ころ》びキリシタンを対象に絵踏していたように、先駆的に絵踏していた藩は、キリシタンが多くいた地域である。

これらの地域では、彼らの信心具を没収していた。寛永鎖国令を通じて長崎奉行が九州のキリシタン穿鑿《せんさく》権を掌握すると、没収品は、長崎奉行所で集約されるが、それ以前は、各藩で管理していた。それぞれの藩の裁量によって、信心具は踏絵へ転用が可能な状況だった。つまり、長崎での絵踏の実施を知った、キリシタンが多くいた藩は、幕府の禁教令を受けて長崎にならって絵踏を行なっていたのである。

長崎奉行はキリシタン取り締まりが強化されるに伴い、各藩の踏絵を管理するようになる。板踏絵を使っていた時代は、長崎奉行所も消極的ではあったが、真鍮踏絵が作製されたことによって、その意向を強くしていった。前述した大村藩や平戸藩、岡藩などは、それに従い、長崎奉行所から踏絵の貸与を受けるようになった。それは、寛文期（一六六一～七三）に官僚制が進展するに伴い、長崎奉行が九州における自身の立場を踏絵を通じて明確にし、それを藩にも認めさせようとしたのである。踏絵の貸与は、政治的思惑のなかで画策されたのである。

踏絵の転換点

江戸幕府の禁教政策は、日本の既成宗教界を巻き込みながら策定された。それは、町方《まちかた》や村方《むらかた》で寺院や神社を介した人民管理が実施されたためである。寺社間では、現世と来世といった宗教的棲み分けをしていたが、そこに行政的機能を持たせていった。こうして幕府主導による対キリスト教政策のなかで、寺社はその地位を確立していったのである。つまり、新しく入ってきたキリスト教を規制するために、日本古来の宗教をもって対応したのである。目に見えない人間の信仰心を、外形的に証明する手段として導入されたのが寺請《てらうけ》制度であり、絵踏だった。

当初、絵踏は、キリシタンたちが所持していた信仰対象物の掛絵《かけえ》などを踏ませ、棄教の本質的是非を確認していた。これが絵踏の起源であるが、その対象者をキリシタン以外の者に広げたことにより、踏絵の素材の見直しが図られた。板踏絵は、〝聖具踏み〟の性格を継承していたが、銅と亜鉛の合金製の真鍮踏絵が作製されたことで、絵踏の意義は変容する。長崎の鋳物師《いもじ》萩原祐佐《はぎわらゆうさ》が作製した真鍮踏絵によって、絵踏は単なる行政手続として定式化したのである。

真鍮踏絵は、長崎での絵踏で利用されたことはもとより、九州諸藩へも貸し出されて広域で用いられた。これが意味するところは、キリシタン取り締まりの本質的変化である。当初の絵踏は、キリシタンの信心具を用いていたために、厳正に行なわれていた。しかし、キリシタンではなく、さらに教義さえもよく理解していない鋳物師がつくった踏絵の登場は、〝信仰された聖具〟から〝踏ませるための道具〟という、性質を一転させることになった。

真鍮踏絵の製作、そしてこれを使用したことは、これまでのキリシタンを捜索する手段（刑事手続）から、非キリシタンを証明するだけの手段（行政手続）へと変容した。そして、キリシタンがいない前提の社会が幕府によりつくられたことで、絵踏は無機質な性格を強めていったのである。こうして絵踏は、長崎奉行所としては行政手続として、絵踏する町人や村人にとっては年中行事の一つとして、受け止められていった。

以上のことから、絵踏のターニングポイントは、真鍮踏絵が製作された寛文九年（一六六九）であるといえよう。絵踏が廃止される安政五年（一八五八）までの一九〇年間は、当初の絵踏の本質とは異なる、長崎奉行の政治的思惑のなかで実施されていたのである。

異なる絵踏観

絵踏をする側とさせる側とで、その価値観はさまざまである。それは、おのおのの立場の違いに起因し、ここに関与した人たちによって、踏絵へ抱いていた感情や意義も異なっていた。鎖国を国是《こくぜ》（国の基本方針）とし、幕末期には祖法《そほう》（祖先より代々伝わる法）にまで昇華させた幕府は、鎖国の正当性を担保する禁教政策の象徴に絵踏を位置付けた。それは、キリシタン禁制を掲げて以降、寺請制度と並んで絵踏を重要な禁教遵守《じゅんしゅ》の証拠としたのである。

一方、現場で指揮していた長崎奉行にとっての絵踏は、幕府の禁教政策を滞りなく実施する、目に見える職務遂行の形だった。長崎奉行は、貿易業務と同時に九州圏内のキリシタン取り締まり権を有していたことから、禁教政策において九州諸藩に優越していた。それは、大村郡崩れ《おおむらこおりくずれ》（明暦三年〈一六五七〉）や豊後崩れ（万治三年〈一六六〇〉）、天草崩れ《あまくさくずれ》（文化二年〈一八〇五〉）など、〝崩れ〟と呼ばれるキリシタンの大量摘発が起こった際の処分権によって、長崎奉行と藩の立場を明確にした。そして、恒常的に踏絵の貸与を通じて、その関係を追認していった。自前の踏絵の所持が認められた熊本藩や小倉藩は、その枠組みに入らないものの、踏絵を借用した藩は、長崎奉行の支配下に組み込まれたのである。

踏絵を長崎奉行から借用することは、幕府への恭順姿勢を示す明瞭な行為である。大村藩は自藩で起こった郡崩れに際して、その発生原因を自前の踏絵の損耗《そんもう》により絵踏を行なわなかったためとし、絵踏の有用性を認めていた。そのため、〝崩れ〟発覚後は急遽、長崎奉行に踏絵の借用を所望しており、あらためて幕府に従う姿勢を見せた。また、同じく自前の踏絵を持っていた平戸藩は、長崎奉行の指示により、これを破棄したうえで貸与を望んでいる。特に、キリシタンがかつて多かった藩にとって、長崎奉行所から踏絵を借用して実施することは、禁教遵守の揺るがない証左となったのである。

踏絵を踏んだのは、日本人に限らなかった。中国人や外国人漂流民にとっては、絵踏をすれば、以降は日常の生活が保証される。つまり、日本滞在のための手続きにすぎない。

幕府の考えていた絵踏観は、長崎奉行には当然理解されており、粛々と実施していた。一方、藩は幕府への恭順姿勢を示すことを一義的に考えるとともに、仮に〝崩れ〟が起こっても、責任回避を可能にする状況を創出していた。さらに、絵踏をした人たちは、惰性に近い年中行事として行なっており、そこには三者三様の思惑があった。

それは、幕府が表向きキリシタンのいない社会を築き上げたことにより、支配者側と被支配者側との絵踏観の溝を深くしていった。両者の仲介的立場にある長崎奉行は、その実態を知りながらも、絵踏の廃止を幕府に訴えるのは、欧米諸国の圧力に迫られてからだった。それだけ幕府は、禁教政策に対する絵踏の絶対性を標榜し、外国人が〝蛮行〟と認識していることがその根拠としていたのである。

換言すれば、絵踏を否定すれば、禁教遵守の証拠を喪失してしまうため、踏絵を担保とした禁教政策を展開せざるをえなかったのである。

踏絵を介した支配秩序の構築

長崎奉行は、九州諸藩への踏絵の貸与によって禁教遵守を求めたが、これにあわせて、幕藩体制の秩序をも確固たるものにしていった。この長崎奉行と九州諸藩との関係は、礼的秩序に通じるところがあった。各藩は、長崎奉行所から踏絵を借りるために借用書を提出することになるが、それにあわせて関係者に贈物をしている。それは、首尾よく踏絵が借用できるように配慮を求めたものであり、年頭挨拶を兼ねたときもあった。つまり、踏絵の借用を通じて、貸す側と借りる側とで、優劣が生じていたのである。

また、幕府や長崎奉行は、絵踏の実施を求めてはいたものの、その作法については、各藩に任せていた。そのため、絵踏のやり方には地域性が生じ、統一的な手段は確立されていなかった。幕府のこうした地域に委任した絵踏の形態は、当時の地域社会のあり方に依拠したものである。踏絵を借用する藩と、自前の所持を認めた藩とがあったように、長崎で行なわれていた絵踏の規則を、藩側には強要していない。これにより、絵踏に融通性が生まれた一方、統一感は失われていくことになった。こうして絵踏は、次第に形骸化を招いたのであった。

幕府は、たびたび起こった〝崩れ〟によって、禁教を通じた支配関係を明確にしていった。そこで重要なツール（道具）とされたのが絵踏だったが、これが足枷《あしかせ》にもなった。前述のように、絵踏をする側との絵踏観の相違は決定的で、幕府はかたくなにその絶対性を否定しなかった。絵踏をしている以上、非キリシタンであるという〝御旗《みはた》〟を降ろせなかったのである。踏絵は、幕府の禁教政策のなかで、神聖性をも帯びたものとなっていった。

連綿と絵踏をしていたことが、非キリシタンの証明の蓄積となり、キリシタンとしての処罰を不可能にした。つまり、絵踏の実態を優先せざるをえず、天草崩れのときのように、信仰形態が明らかになっても、キリシタンとは認定できなかったのである。要するに、踏絵に足をかけ、日常生活が営まれているという既成事実が優先されたのである。ここに、幕府が築き上げたキリシタンがいない社会とがリンクしたのであり、絵踏していた事実が、信仰の本質を曇らせたのであり、絵踏の限界でもあった。

踏絵は踏まされたのか、踏んだのか

当初の絵踏は強要そのものであり、キリシタンを捜索するために有効な手段として実施されていた。キリシタンが多かった地域では、寛永初期には絵踏が実施され、熊本藩細川家では、早くから絵踏の有効性を認めており、キリシタンが信仰していた聖具を踏ませることを追求した。長崎で製作された真鍮踏絵のように、所持していた踏絵が破損しても、その代替品はつくらないほど徹底していた。藩主細川忠利が、長崎奉行所にあるキリシタンたちの信心具を、影踏《えいふみ》《かげふみ》のために所望したのはそのあらわれである。

このように初期の絵踏は、キリシタンたちから忌み嫌われており、捜索の際にも実質的な効果が認められた。自前の踏絵を所持していた藩では、かつての聖具や信心具を踏絵に転用していたことを考えると、潜伏キリシタンたちに逃げ場を与えなかったといえる。

一方、長崎および長崎奉行所から踏絵を借用していた藩が行なっていた真鍮踏絵による絵踏は、キリシタンたちにとっては、状況が緩和されることになった。結果として、真鍮踏絵がつくられて以降に発生した〝崩れ〟は、長崎浦上村や天草といった真鍮踏絵を使っていた地域である。

絵踏をしたことにより、表面的にキリシタンがいない世の中が形成された。長崎奉行は、行政的効率性の向上を求め、真鍮踏絵の作製に踏み切ったが、これはかえって潜伏キリシタンたちを助けることにつながった。

幕府は、禁教政策の強化を求めたものの、内実としては聖具を用いた紙踏絵や板踏絵から真鍮踏絵となったことで、絵踏の〝質〟が低下した。これが、キリシタンたちの潜伏を容易にし、信仰を維持させるスキをつくったのである。つまり、信心具を踏まなくなったことが、かえって、潜伏キリシタンに余裕を与えたのである。そのため、地域によっては、仏教供養のあとに行なわれる経消《きょうけし》の作法がつくられ、自助努力によってコンフラリア（信者の協働組織）のような潜伏組織を維持していくことができたのである。

多くの外国人たちが強く非難していた絵踏だったが、潜伏キリシタンたちはこれを受け入れていた事実がある。これが当時の日本人キリシタンの実情であり、外国人が考えているより深刻ではなかったものと考える。そこには、禁教政策が続いていたなかでキリシタンたちに醸成された二つの〝強〟があったからだ。一つは絵踏を受け入れた精神的〝強《つよ》さ〟であり、もう一つは絵踏をすれば組織を維持できるという現実的〝強《したたか》さ〟である。

絵踏することで、先祖が信仰していた〝教え〟を守ることができるため、彼らは自ら踏むことを選択したのである。そこには、現代に生きる多くの人が、キリシタンに抱いている悲観的な感情を超越した〝強〟があった。これこそがキリシタンたちが得た矜持なのである。

あとがき

私が踏絵に接するきっかけは、学芸員として働いていた十三年前のことである。前職の博物館でキリシタン展示室を担当することになり、その際、東京国立博物館から借用した国指定重要文化財のキリシタン関係資料のなかに、板踏絵《いたふみえ》や真鍮踏絵《しんちゆうふみえ》が含まれていた。駆け出しの学芸員でありながら、これらに直接、触れることができたのは、まさに学芸員冥利に尽きるものだった。踏絵を初めて手にしたときの感触や重量感は今でもはっきりと覚えている。

その後、福岡のキリスト教系の大学に転籍すると、何かとキリシタン資料に触れる機会が多くなった。また、この大学も、本書で取り上げた紙踏絵や板踏絵を所有していたが、学芸員時代に扱った東京国立博物館の踏絵に比べると、その〝質の低さ〟を感じざるをえなかった。また、各地で調査していくなかで、多くの〝偽〟踏絵を目の当たりにし、そのつど、踏絵の持つ意味を考えるようになった。

踏絵の存在は、悲観的にとらえられることが多い。キリシタンたちが凄惨な状態に置かれたのは事実であるが、ここには、多分な現代的評価が与えられている。しかし、絵踏は当時の合法的手続きのなかで実施され、これが多くの人には受け入れられていた実態がある。この事実は看過できない。絵踏が年中行事化していたのは、まさに受け入れられていた実態社会の姿であり、絵踏を一様に悲観的に見る危うさを感じさせる。ここには、踏絵の質が大きく変化したことが、何よりも影響している。

具体的なイメージとして、博物館で展示されている寺社の神輿《みこし》や仏像を考えてみよう。これらを寺社から博物館に移動して展示するときは、〝魂〟が抜かれる。これを「御霊抜《みたまぬ》き」といい、氏子《うじこ》や檀家総代《だんかそうだい》の立ち会いのもとで行なわれる。博物館での展示を終えて寺社に戻されると、開眼供養《かいげんくよう》がなされ、御霊が戻されて、いつもの信仰物となる。つまり、踏絵は真鍮踏絵がつくられた時点で「御霊抜き」と同様の性格を持ったのである。それが、良くも悪しくも支配者側とキリシタン側との思惑のなかで、絵踏《えふみ》＝非キリシタンという構図として双方に受け入れられ、体裁を取り繕《つくろ》ったのである。

二〇一九年六月末には「長崎と天草地方の潜伏キリシタン関連遺産」の世界遺産登録が控えている。構成資産やストーリー展開は、日本キリスト教史に照らして悲劇からの解放というものになっている。こうした歴史観にも踏絵と同様に、行政主導で一方向的に描かれることへの危険さを感じる。キリシタン史＝悲劇の歴史という構造を、今一度、見直す必要もあるのではないだろうか。

本書は、学芸員時代に全国各地の踏絵を調査してきたことに加え、熊本大学に移ったことにより、中立かつ俯瞰的《ふかんてき》にまとめることができた。執筆にあたり、ご協力いただいた文化財保護に関係する職員や学芸員の皆さんにあらためてお礼申し上げたい。一つの質問に対して複数の資料を提示してくれる優秀な学芸員には感謝の念が尽きない。

本書執筆のきっかけとなったのは、二〇一六年の史学会打ち合わせの際、何気なく話した踏絵の話に、東京大学の牧原成征氏が興味を持ってくださったことである。このことがなければ、一気に原稿化してみようか、とは思わなかっただろう。あらためて感謝の意を表したい。また、出版に際しては、吉川弘文館の斎藤信子氏、伊藤俊之氏には、多大なるご尽力をいただいた。

そして、キリスト教史への関心の気運が高まっている今日、一人でも多くの方に本書が手にとってもらえることを祈念して擱筆としたい。

二〇一八年四月二十九日

安　高　啓　明

主要参考文献

史料・県市史

『上田宜珍日記』（天草町教育委員会、一九八八～九八年）
『九葉実録』全六巻（大村史談会、一九九四～九七年）
『小森承之助日記』全五巻（北九州市立博物館、一九九五～九九年）
『天領天草大庄屋木山家文書』（本渡市教育委員会、一九九五～二〇〇四年）
『中村平左衛門日記』全一〇巻（北九州市立博物館、一九八二～九三年）
上妻博之編・花岡興輝校訂『肥後切支丹史』（エルピス、一九八九年）
藤野保・清水紘一編『大村見聞集』（高科書店、一九九四年）
武藤厳男・宇野東風・古城貞吉『肥後文献叢書』全六巻（歴史図書社、一九七一年）

『天草郡史料』（名著出版、一九七二年）
『大分県史』近世篇四（大分県総務部総務課、一九九〇年）
『小倉市誌』補遺（名著出版、一九七三年）
『長崎県史』対外交渉編（吉川弘文館、一九八六年）
『長崎市史』風俗編（清文堂、一九八一年）

『新編大村市史』三（大村市、二〇一五年）
『福岡県史資料』全一〇輯（福岡県、一九三二〜三九年）
中島　功『五島編年史』（国書刊行会、一九七三年）

図書・論文

浅見雅一『キリシタン時代の偶像崇拝』（東京大学出版会、二〇〇九年）
遠藤周作『遠藤周作文学全集』一三（新潮社、二〇〇〇年）
大橋幸泰『検証島原天草一揆』（歴史文化ライブラリー二五九、吉川弘文館、二〇〇八年）
大橋幸泰『潜伏キリシタン―江戸時代の禁教政策と民衆』（講談社選書メチエ五七四、講談社、二〇一四年）
片岡弥吉『踏絵―禁教の歴史』（NHKブックス、日本出版協会、一九六九年）
北村清士『大分県の切支丹史料』（一九六〇年）
五野井隆史『日本キリスト教史』（吉川弘文館、一九九〇年）
五野井隆史『キリシタンの文化』（日本歴史叢書六七、吉川弘文館、二〇一二年）
五野井隆史『キリシタン信仰史の研究』（吉川弘文館、二〇一七年）
五野井隆史監修『キリシタン大名―布教・政策・信仰の実相』（宮帯出版社、二〇一七年）
小峯和明『キリシタン文化と日欧交流』（アジア遊学一二七、勉誠出版、二〇〇九年）
島田孝右・島田ゆり子『踏み絵―外国人による踏み絵の記録』（雄松堂出版、一九九四年）

清水紘一『キリシタン禁制史』（教育社歴史新社・日本史一〇九、教育社、一九八一年）
東　昇『近世の村と地域情報』（吉川弘文館、二〇一六年）
安高啓明『近世長崎司法制度の研究』（思文閣出版、二〇一〇年）
安高啓明『歴史のなかのミュージアム―驚異の部屋から大学博物館まで』（昭和堂、二〇一四年）
安高啓明『浦上四番崩れ―長崎・天草禁教史の新解釈』（長崎文献社、二〇一六年）
海老沢有道「南蛮誓詞・絵踏の下限」（『維新変革期とキリスト教』新生社、一九六八年）
岡田章雄「踏絵について」（『キリシタン研究』二、一九四四年）
島由季・安高啓明「幕藩体制下のキリシタン禁教政策―熊本藩を中心に」（『西南学院大学博物館紀要』六、二〇一八年）
清水紘一「郡崩れ考―寛文期宗門改制への展望」（『日本歴史』五五四、一九九四年）
鳥井裕美子「オランダ人と絵踏　若干の未紹介史料から」（『上智史学』二五、一九八〇年）
村井早苗「豊後における絵踏制の展開」（『史苑』三五―二、一九七五年）
安高啓明・方圓「清朝における禁教政策と踏絵」（『西南学院大学博物館紀要』三、二〇一五年）
安高啓明・内島美奈子「絵踏の展開と踏絵の図像」（『西南学院大学博物館紀要』四、二〇一六年）

著者略歴

一九七八年、長崎県に生まれる
二〇〇七年、中央大学大学院文学研究科博士後期課程修了
現在、熊本大学大学院人文社会科学研究部准教授　博士（史学）、博士（国際文化）

主要著書

『近世長崎司法制度の研究』（思文閣出版、二〇一〇年）
『新釈犯科帳』全三巻（長崎文献社、二〇一一〜一二年）
『歴史のなかのミュージアム』（昭和堂、二〇一四年）
『浦上四番崩れ』（長崎文献社、二〇一六年）
『トピックで読み解く日本近世史』（昭和堂、二〇一八年）

歴史文化ライブラリー
469

踏絵を踏んだキリシタン

二〇一八年（平成三十）七月一日　第一刷発行

著　者　安《やす》高《たか》啓《ひろ》明《あき》
発行者　吉川道郎
発行所　株式会社　吉川弘文館
東京都文京区本郷七丁目二番八号
郵便番号一一三—〇〇三三
電話〇三—三八一三—九一五一〈代表〉
振替口座〇〇一〇〇—五—二四四
http://www.yoshikawa-k.co.jp/

印刷＝株式会社 平文社
製本＝ナショナル製本協同組合
装幀＝清水良洋・柴崎精治

ISBN978-4-642-05869-8

刊行のことば

現今の日本および国際社会は、さまざまな面で大変動の時代を迎えておりますが、近づきつつある二十一世紀は人類史の到達点として、物質的な繁栄のみならず文化や自然・社会環境を謳歌できる平和な社会でなければなりません。しかしながら高度成長・技術革新にともなう急激な変貌は「自己本位な刹那主義」の風潮を生みだし、先人が築いてきた歴史や文化に学ぶ余裕もなく、いまだ明るい人類の将来が展望できていないようにも見えます。このような状況を踏まえ、よりよい二十一世紀社会を築くために、人類誕生から現在に至る「人類の遺産・教訓」としてのあらゆる分野の歴史と文化を「歴史文化ライブラリー」として刊行することといたしました。

小社は、安政四年（一八五七）の創業以来、一貫して歴史学を中心とした専門出版社として書籍を刊行しつづけてまいりました。その経験を生かし、学問成果にもとづいた本叢書を刊行し社会的要請に応えて行きたいと考えております。

現代は、マスメディアが発達した高度情報化社会といわれますが、私どもはあくまでも活字を主体とした出版こそ、ものの本質を考える基礎と信じ、本叢書をとおして社会に訴えてまいりたいと思います。これから生まれでる一冊一冊が、それぞれの読者を知的冒険の旅へと誘い、希望に満ちた人類の未来を構築する糧となれば幸いです。

1996.10

吉川弘文館

歴史文化ライブラリー

近世史

江戸の政権交代と武家屋敷——岩本　馨
江戸の町奉行——南　和男
江戸御留守居役 近世の外交官——笠谷和比古
検証 島原天草一揆——大橋幸泰
大名行列を解剖する 江戸の人材派遣——根岸茂夫
江戸大名の本家と分家——野口朋隆
赤穂浪士の実像——谷口眞子
〈甲賀忍者〉の実像——藤田和敏
江戸の武家名鑑 武鑑と出版競争——藤實久美子
江戸の出版統制 弾圧に翻弄された戯作者たち——佐藤至子
武士という身分 城下町萩の大名家臣団——森下　徹
旗本・御家人の就職事情——山本英貴
武士の奉公 本音と建前 江戸時代の出世と処世術——高野信治
宮中のシェフ、鶴をさばく 江戸時代の朝廷と庖丁道——西村慎太郎
馬と人の江戸時代——兼平賢治
犬と鷹の江戸時代 〈犬公方〉綱吉と〈鷹将軍〉吉宗——根崎光男
紀州藩主 徳川吉宗 明君伝説・宝永地震・隠密御用——藤本清二郎
近世の巨大地震——矢田俊文
江戸時代の孝行者 「孝義録」の世界——菅野則子
死者のはたらきと江戸時代 遺訓・家訓・辞世——深谷克己
近世の百姓世界——白川部達夫
闘いを記憶する百姓たち 江戸時代の裁判学習帳——八鍬友広
江戸の寺社めぐり 鎌倉・江ノ島・お伊勢さん——原　淳一郎
江戸のパスポート 旅の不安はどう解消されたか——柴田　純
〈身売り〉の日本史 人身売買から年季奉公へ——下重　清
江戸の捨て子たち その肖像——沢山美果子
江戸の乳と子ども いのちをつなぐ——沢山美果子
歴史人口学で読む江戸日本——浜野　潔
それでも江戸は鎖国だったのか オランダ宿日本橋長崎屋——片桐一男
エトロフ島 つくられた国境——菊池勇夫
江戸時代の医師修業 学問・学統・遊学——海原　亮
江戸の流行り病 麻疹騒動はなぜ起こったのか——鈴木則子
江戸幕府の日本地図 国絵図・城絵図・日本図——川村博忠
都市図の系譜と江戸——小澤　弘
江戸の地図屋さん 販売競争の舞台裏——俵　元昭
踏絵を踏んだキリシタン——安高啓明
墓石が語る江戸時代 大名・庶民の墓事情——関根達人
近世の仏教 華ひらく思想と文化——末木文美士
江戸時代の遊行聖——圭室文雄
松陰の本棚 幕末志士たちの読書ネットワーク——桐原健真
龍馬暗殺——桐野作人

歴史文化ライブラリー

文化史・誌

歴史文化ライブラリー